U0455011

养育好孩子

谭双双 / 著

中国民族文化出版社

北 京

图书在版编目（CIP）数据

养育好孩子 / 谭双双著 . -- 北京：中国民族文化
出版社有限公司，2023.9
　　ISBN 978-7-5122-1746-1

　　Ⅰ . ①养… Ⅱ . ①谭… Ⅲ . ①家庭教育Ⅳ . ① G78

中国国家版本馆 CIP 数据核字（2023）第 147956 号

养育好孩子
YANGYU HAO HAIZI

作　　者　谭双双
责任编辑　李路艳
责任校对　李文学
出 版 者　中国民族文化出版社　地址：北京市东城区和平里北街 14 号
　　　　　邮编：100013　联系电话：010-84250639　64211754（传真）
印　　装　北京力信诚印刷有限公司
开　　本　1/32
印　　张　8
字　　数　120 千字
版　　次　2024 年 5 月第 1 版
印　　次　2024 年 5 月第 1 次印刷
标准书号　ISBN 978-7-5122-1746-1
定　　价　56.00 元

自　序

　　正确的方法会养育出好孩子，也会帮助他们成为优秀的人。没有哪个时代的父母比今天的父母更需要学习养育方法，因为没有哪个时代的父母比今天的父母更焦虑。我们这一代人赶上了人类社会大跨越、大发展的时期，科技进步、信息通达、物质丰富和快节奏的生活方式致使父母很难静下心关注孩子的成长，耐心地倾听他们的心声并与之沟通。孩子也没时间抬头看看父母肩上的重担，很难体谅父母的不容易。父母和孩子之间出现难以逾越的鸿沟。"棍棒底下出孝子"的时代已经悄然而逝，吼叫打骂只会让亲子关系破裂，加重孩子的叛逆心理和行为。

我在做家庭教育的咨询过程中发现，父母们绞尽脑汁，依据自己的成长经历，借鉴他人的育儿心经，采取自认为会有效的养育孩子的方法，如做榜样，请家教，唠叨，吼叫，体罚，奖励，摔手机，等等。在父母们不当的养育方式下，本应顺利的养育过程，不知从哪天开始，变得一团糟糕。孩子不像从前那样听话了，可能会出现下面的行为：对母亲的唠叨变得反感；父亲在说教的时候，孩子开始顶嘴或是表现得一脸不在乎；孩子有了心事，父母不能多问，问多了孩子可能会摔门而去，更有甚者他们会通过离家出走或其他方式来宣泄自己对父母的不满情绪。

父母到底做错了什么，让养育孩子这件事情变得这么辛苦？那就请父母们回答一个问题：你是否了解孩子在成长过程中不同阶段的成长特点和心理需求？这决定了你的养育方法是否适合自己的孩子。每个家庭的情况不同，孩子的特点各不相同，养育孩子的方法也千差万别。在我的家庭教育咨询案例中，遇到很多的问题父母不是缺少养育孩子的方法，而是因为不了解孩子，使用了错误的养育方法。在孩子需要培养亲密关系的年龄，父母早出晚归，不闻不问，导致孩子缺乏安全感。到了需要培养独立能力的阶段，家里老人又不肯放手，事事包办，致使孩子缺乏责任感。令人头疼的是，父母常常抱怨乐观型的孩子不够细腻敏感，又抱怨忧郁型的孩子不够热情活泼。家长们沉浸在孩子做事情谨慎的喜悦中时，又对孩子适应能力弱叫苦连连。家长们夸奖孩子运动能力超群的时候，又希望看到他们坐在椅子上静静地读书。最可怕的是，当孩子出现问题后，大部分父母想找到立竿见影的解决方法。我很负责任地说，那些短平快的方法只是花拳绣腿，不能从根本上解决养育孩子的复杂问题，更不是父母减少焦虑的好方法。只有多花时间了解孩子，才能用对的方法解决问题。

经常有家长感言："早点遇到您就好了，可以把孩子交给您。"我十分感激家长们的信任，但是真正能解决问题的人是父母自己。父母们只有转变自己的教育认知，努力学习教育学、心理学、脑科学的知识，了解自己孩子的心理需求，才能找到适合孩子的养育方法。家长只有在养育方法上下功夫，孩子才会更好地成长。

　　这本书写给想努力养育出好孩子，花了很大的力气却找错了方向，自己和孩子都感觉到很痛苦的家长朋友。无论你接不接受，孩子的问题都是源自父母的教育问题。无论你接不接受，孩子的教育责任都在更多地从学校转移到家庭当中。每一个父母都需要转变思维，认真学习家庭教育的方法，把孩子养育得更好。

CONTENTS 目录

第一章

难以理解的孩子

世界上最远的距离是父母明明爱孩子，却很难理解孩子。我们经常听到一些父母说："我们都这么做了，你还想要我们怎么样？"喜欢这样表达的父母只在乎自己的付出，不在意自己做的是否是孩子想要的，站在道德的制高点感动自己，逼迫孩子服从。"我们这么做是为了你好，你现在还小，长大就懂了。"这样表达的父母习惯用情感绑架孩子，借口为孩子好，满足自己的期待，不在意孩子的心理需求。这样做容易让孩子产生负罪感，因此变得对父母言听计从。当孩子做的事情达不到家长的心理预期，父母就会把"你就是一个废物"挂在嘴边。这样的父母不愿意花时间了解孩子自身的能力，给孩子盲目贴标签，忽视孩子的自我价值感，常常让孩子产生深深的负罪感。当孩子考试成绩不理想的时候，父母会说："你看看某某同学，怎么哪都比你强。"这样的父母容易忽视孩子当下的感受，通过不切实际的比较，贬低打压自己的孩子。父母如果不能够真正理解孩子，所说的每一句话都可能对孩子造成永久的伤害。

　　父母无法理解孩子的原因是多方面的，其中最为主要的原因有两个：第一个是生活背景存在差异，第二个是父母没有花时间深入了解孩子。

　　孩子成长在信息畅达的时代，受到多元文化的影响，孩子的思想开放程度更高，看待问题的角度和父母会有很大差别。比如金钱观：父母喜欢有节制地消费，而孩子喜欢尽量满足需求。父母们认为生活中要懂得节制，如果经济条件不允许，不买不急需的物品。而孩子们只要遇到自己喜欢的，大部分会选择马上买下来，甚至超前消费来满足自己当下的欲望。又比如爱情观：一个追求稳定，一个追求幸福。父母们认为到了某个年龄就应该结婚，先成家后立业，只有家庭稳定，夫妻相互扶持和陪伴，事业上就蒸蒸日上。父母们一旦结婚轻易不会离婚。而孩子们则是等到对的人才会结婚，先立业后成家，绝对不会将就，感情不好会索性分开。观念的不同导致彼此不认同，隔阂、情绪、矛盾、争吵随即出现。在这个网络语言席卷社会的时代，孩子们的语言表达方式、语言词汇使用和以往也有很大差别，如果父母们理解不了孩子的网络用语，就会在和孩子沟通时出现障碍。比如"栓 Q（我真的会谢）"，源于网络上的流行英文歌谣，英文单词"Thank you"（谢谢）的谐音，孩子们一般不用于表示谢谢，而是用于无奈的语气中。"PUA"是精神控制的意思，在孩子们的语言交流中CPU、KTV、PPT、ICU都可以表示PUA，这些都源于互联网上的搞笑段子。家长们直接从孩子的嘴里听到这样的话可能会丈二和尚摸不着头脑，进而感叹自己和孩子的代沟很难跨越。为了解决这些问题，父母需要保持开放的心态，主动了解孩子的世界，从孩子的角度理解和接纳他的网络生活，与孩子建立良好的沟通和信任关系。

养育好孩子，父母们一定要多花时间了解孩子。如果你想抽出1个小时的时间用在养育孩子的问题上，就需在了解孩子的环节用上50分钟，而用最后10分钟找到匹配的方法。这也提醒家长们：当孩子出现问题，家长们在纠结到底应该怎么做的时候，应该先思考孩子出现这个问题背后的原因是什么。先了解孩子的内心需求，再去找教育方法，这才是养育好孩子的方法。孩子的成长过程是动态的，父母的养育方法也需要不断地转变，才能有效地应对孩子每个阶段的问题，帮助孩子健康成长。

孩子从出生到童年，再从童年到青春期，大部分时光都是在父母身边度过的。父母会发现孩子个子会长高，身体会变强壮，能力在提升，表达情绪的方式逐渐恰当，社交圈子也发生了变化。发展心理学把儿童的成长分为三个维度：生理发展、认知发展、社会性与情感发展。

1. 生理发展

生理发展体现在儿童成长过程中身高、体重、大脑、激素水平等方面的变化。孩子从出生到青春期变化最为明显的维度就是生理发展，肉眼可见：个子会长高，体重会增加，肌肉越来越有力量，神经系统逐步成熟，青少年时期还会出现性成熟。随着生理发展，孩子的协调性、平衡性也会随之发展变化以适应孩子更高的需求。

2. 认知发展

认知发展体现在注意力、记忆力、想象力等方面的变化。认知发展是孩子对外界事物的认识的发展变化。从出生到儿童时期，孩子需要认识并说出周边事物的名字，处在探索事物的过程中。孩子到了青少年时期，认知变得更加多样化，更加广泛，从探索事物变成了不断学习新的事物，建立自己的知识体系。

3. 社会性与情感发展

社会性与情感发展体现在自我认知能力、社会交往能力、情感表达能力、社会道德行为等方面的发展。在孩子的社会心理发展过程中，家长关注以下三个关系链条的发展变化，就能知道为什么孩子的社会行为发生变化了。第一是认识自己与自己的关系；第二是认识自己与他人的关系，这个关系可以简单分为和父母、和朋友、和陌生人的关系；第三就是认识自己与社会的关系，这个关系涉及社会伦理道德、法律规范等。

每个家长心中都要有一张孩子成长发展的全景图，知道自己的孩子属于哪种气质类型，抓住孩子成长的关键期，养育出好孩子。了解孩子是养育好孩子的基础，只有足够了解孩子，父母才能真正理解孩子，为他们的成长提供恰当的支持和引导。

一、孩子的先天气质类型

　　你家的孩子是好动的"小猴子"还是安静的"小猫"？你家的孩子特别重视规则还是行为随意呢？如果用动物的习性特点来形容孩子，你觉得自己的孩子像什么动物，熊猫、老虎，还是孔雀？如果以《西游记》里的师徒四人的人物特点对应你家孩子的特点，你家孩子对应哪个人物呢？我想大部分家长是第一次思考这样的问题，这也充分说明家长们还不够了解自己的孩子。当你不够了解孩子的时候，就会在养育中遇到这样的困扰，比如：为什么我的孩子比较急躁？为什么我的孩子很难管理？为什么我家孩子慢热又害羞，别人家孩子热情又开朗？很多时候不是你家孩子难以理解，而是你没弄清他的先天气质类型。气质是与生俱来的，每种气质类型的孩子都有其优点和缺点。气质影响行为，决定着我们认识世界并做出反应的方式。随着我们的气质被生活经历影响，自身人格逐渐形成，我们对世界的认识也会发生改变。心理学家安·桑松说："气质是指我们与生俱来的最基本的个体差异，也是我们行为风格上的差异。"

现在的家长都很关注孩子的教育问题，加入各种家长群获取育儿经验，参加各种专家讲座学习养育方法，父母们把这些学来的方法用在自己孩子身上，有的管用，有的却不管用。每个孩子都有自己的先天气质类型，每个孩子的内心深处都有一个闪亮的自我。比如：有的孩子容易激动，爱发脾气，难以管教，当家长们看到孩子这些缺点的时候，要注意观察，他可能还是一个身体健康、有朝气、有探索欲的高活动量的孩子，父母需要给这种类型的孩子安排适当的运动量，把能量宣泄出来。培养孩子运动方面的兴趣，如游泳、骑自行车、溜轮滑，既健身又能发泄多余精力。这种类型的孩子还有可能成为一名出色的运动员。家长们只有站在孩子的角度，了解孩子的需求，观察孩子的气质，帮助他们提高自我调节的能力，才能形成良性的教育方式。只有了解孩子的气质类型，有针对性地对孩子进行个性化教育，因材施教，才能解除养育困惑，帮助孩子成为更好的自己。

1. 怎样判断孩子属于哪种气质类型

孩子之间的个体差异是非常大的。有的孩子喜欢动手操作，有的喜欢读书和表达。同样是见到陌生人，有的孩子很热情，像一团热情的小火苗儿，这样的孩子善于社交；有的孩子很内向，不喜欢接触陌生人，这样的孩子心思细腻，脆弱敏感，做事专注。遇到同样的遭遇，有的孩子做事比较果断，执行力强，有的孩子犹豫不决，想的比做的多。即使生活在一个家庭，拥有同样的父母，孩子间的性格差异也是很大的，比如，老大处理问题平和，可能老二处理问题就比较急躁。

如何通过孩子的行为反应判断孩子的先天气质类型呢？

在判断孩子的气质类型之前，我们先要弄懂两个概念：一个是先天气质，一个是性格。我们经常说："这个人气质真好！"这里的气质和先天气质是不一样的。我们所讲的"先天气质"是描述孩子探索和回应世界的方式，大致就相当于我们平时说的脾气秉性。20 世纪 60 年代，美国心理学家亚历山大·托马斯（Alexander Thomas）和史黛拉·切斯（Stella Chess）对 85 个家庭进行了样本采集，其中包括 141 名刚出生的婴儿。他们对这些婴儿跟踪了 14 年的时间。追踪方式是：首次实验区间是 1 岁前，频率为每 3 个月做一次实验；二次实验区间是 1 ～ 5 岁，频率为每年做两次实验；延续实验区间是 5 岁以后，频率为每年做一次实验，他们通过这样庞大的实验方式来总结孩子们的气质类型。他们提出用 9 个维度，即活动量、规律性、趋避性、适应性、反应强度、情绪本质、坚持度、注意力分散度、反应阈来描述先天气质的概念。

气质是先天形成的，不太容易改变，就像我们的相貌、皮肤很大程度上取决于遗传因素，一生都很难有很大的改变。研究发现，婴儿在出生不久之后就可以观察到他的气质表现，随着孩子的成长，这些表现保持着长时间的稳定性。

气质本身没有好坏之分。不同的气质会使孩子有不同的处理问题的方式。了解孩子的气质类型以后，家长们会更容易理解自己的孩子的行为反应，更能帮助孩子成长。

　　性格与气质有很强的关联性。影响孩子性格形成的因素包括孩子的先天气质和后天的养育方式。

　　孩子在 3 岁之前的性格特点大多基于先天气质。比如，有的孩子见人就笑，喜欢跟周边人互动，有的孩子见到陌生人就哇哇大哭，喜欢一个人安静地待着；有的孩子爱生气，生气时会大声哭泣，有的孩子很少流泪，就算哭泣也是小声啜泣；有的孩子学走路摔倒了要安抚好多天他才敢继续走路，而有的孩子不管摔倒多少次都要坚持学习走路。像生活中这样的小细节，足以窥见孩子的气质，可以了解他的秉性天赋所在。

　　随着周围的环境对孩子的影响，孩子会形成自己独特的性格。在 3 ～ 6 岁的时候，孩子的行动能力会变得越来越强，社会互动会更加丰富，孩子的性格逐渐产生萌芽，且受养育方式及生长环境的影响会变得越来越稳定。我经常听到妈妈们在向别人介绍自己家孩子的时候说："我家孩子是个急性子，跟他爸一样。"或者"我家孩子是慢热型的。""我家孩子都是急脾气，也不知道是随谁了。"性格是有理想和不理想之分的，并且是可以靠后天修正的。所以，家长们千万不要早早地给孩子贴上标签，比如：懒孩子、笨孩子、急性子，或是像爸爸一样贪玩，像妈妈一样爱哭等。儿童期是一个人性格形成的初始阶段，也是极重要的阶段，对孩子形成良好性格起着不可估量的作用。虽然我们改变不了孩子的先天气质，但是后天的生活环境是可以改变的。

学习如何判断孩子的先天气质，是为了让家长们了解孩子的先天气质类型，更加宽容地对待孩子的行为，但也不要因为是先天气质就认为他天生就这样，停止了后天的学习引导。孩子展现出来的气质是可以通过后天培养和修正的。家庭因素在这个过程中是非常重要的。

爱因斯坦曾说过，每个人都是天才，但是如果你以爬树的能力来评判一条鱼，它终其一生都会觉得自己很笨。爱因斯坦小时候说起话来结结巴巴，含含糊糊。

父母十分忧虑，担心他是不是有智商问题。爱因斯坦到了 10 岁才被父母送去上学，可是在学校里，爱因斯坦还是受到了学生和老师的嘲笑。有的老师指着爱因斯坦的鼻子说他是个笨家伙，什么也做不好。在大家鄙视的眼神中，爱因斯坦渐渐长大，进入了中学。在中学里，爱因斯坦喜欢上了数学，对其他的课程毫无兴趣。爱因斯坦专心地学习数学，除了课本，他还自己找了很多与数学有关的书籍。在书籍里，爱因斯坦了解到阿基米德、牛顿、笛卡尔。爱因斯坦在周边人的不解中成为一名伟大的科学家。从爱因斯坦的故事中我们发现，爱因斯坦的先天气质类型更接近冷静型，小时候的爱因斯坦反应较慢，思维、言语及行为迟缓，沉着冷静，内向。到了中学时期，爱因斯坦展现出自控能力和坚持能力较强、有耐心、注意力集中、善于思考和专研、执拗、淡漠等特点。金无足赤，人无完人，天才爱因斯坦不是完美的，他也会发脾气，会不受老师喜欢，但是他专注自己的科研，不受外界因素影响。每个孩子都会有某些方面的天赋，只有了解孩子的气质，加以科学引导教育，才能让孩子把自己最出彩的部分展现出来。

每个人身上都同时兼有四种气质——乐天型、忧郁型、激进型和冷静型，每种类型所占的比例不同，但以某一个气质为主导。比如一个孩子忧郁型气质占60%，冷静型气质占25%，激进型气质占10%，乐天型气质占5%，那么我们就可以说这个孩子是忧郁型气质。一般来说，男孩子身上的激进型气质比重比较高，而女孩子忧郁型气质比重比较高，所以男孩子通常会比女孩子好动、不安分、破坏力强、同理心弱，而女孩子通常会比较安静、善解人意、胆小怕事、做事不果断等。每种气质都有优点、缺点。

第一，活动量。活动量指孩子一天当中的睡眠、饮食、穿衣、游戏等过程中身体的活动量。活动量包括活动频率的多少，活动节奏的快慢。孩子在妈妈的肚子里的时候就已经有活动量上的差别了：有的孩子天生就好动，小脚不分昼夜地踢来踢去，活力十足；有的孩子天生就乖巧安静，很少动弹。活动量大的孩子身体强壮，有活力，有朝气，有探索欲望。如果家长们养育不当，这样的孩子会比较叛逆，攻击性强，或者不懂得尊重别人，没礼貌。活动量小的孩子则比较安静，踏实，做事情仔细。如果家长们放任不管，孩子会变得行动慢，效率低，做事情拖拉磨蹭。

第二，规律性。规律性是指孩子生理机能的规律性，比如，什么时间睡觉，什么时间睡醒，什么时间吃饭等。你会发现有的孩子天生作息就比较规律，饮食、睡眠、排便都有相对固定的时间。而有的孩子生活规律性不明显，甚至昼夜颠倒，生活、学习毫无规律。规律性强的孩子容易养成良好的行为习惯，做事情按部就班，效率高。但规律性过强会导致孩子固执刻板，对新环境的适应力弱，做事情不够灵活。生活规律性弱的孩子适应能力强，自在洒脱，如果父母养育方法不当，孩子很容易长大后变得做事情没有计划，缺乏良好的行为习惯。

第三，趋避性。趋避性是指孩子在面临新的刺激的时候做出的反应。有的孩子遇到新鲜事物会好奇，想去积极探索，突显出勇敢、主动和创新精神。有的孩子遇到新鲜事物会选择逃避，不敢接触尝试，表现出胆小懦弱的特点。趋避性高的孩子容易接近和接受新事物，会勇敢尝试新鲜事物，面对陌生人，能够大方地打招呼和交谈，对陌生环境能很快融入，主动和小朋友一起玩。趋避性高的孩子的缺点就是对新环境和陌生人缺乏防备心理，容易遇到危险或是上当受骗。趋避性弱的孩子遇事比较谨慎，不容易被外界环境干扰，善于分辨危险情况。你会发现，当家中来客人时，这类孩子会主动躲起来，不愿意社交和接受新事物。

第四，适应性。适应性是指孩子在周边环境发生变化的时候，比如搬家、上幼儿园、出去旅行的适应能力。适应性强的孩子很快就会融入新环境。适应性差的孩子则需要花费很长时间才能适应新环境，如果调整不好作息时间，还会因为换环境而生一场大病。适应性强的孩子会很快融入新环境，不容易产生负面情绪。适应性强的孩子的缺点就是容易受到不良环境的影响，被不良环境同化。适应能力弱的孩子，更有主见，不易被外界环境干扰，但是生活、学习计划稍有变化，就会不知如何应对，产生情绪问题。

第五，反应强度。反应强度是指孩子对内在和外在刺激产生反应的激烈程度。反应强度强的孩子，无论遇到什么事情，都会做出很大的反应行为。例如，开心的时候他们就会放声大笑，不开心的时候会大发脾气，就连哭的声音也比一般小朋友声音大，他们希望所有人都关注自己的反应。这种类型的孩子，遇到情绪问题，容易反应强烈，甚至蛮不讲理，很难安抚。反应强度弱的孩子正好相反，无论高兴还是难过，他们的情绪很难被父母觉察到，他们不想让其他人发现自己的反应，就算受伤了，也会默默承受疼痛。如果父母没有察觉到孩子产生的情绪问题，孩子的情绪容易被忽视，导致家长们忽略孩子的真实感受和需求。

第六，情绪。情绪是人的内心世界的外在表达方式，包括肢体形态、语言、动作、态度、声音，一般有喜、怒、哀、乐、愁几种。有的孩子天生就很乐观，有的孩子天生多愁善感。有的孩子遇到困难，也会表现得很积极乐观，而有的孩子遇到不如意的事情就生气。有的孩子每天都开心愉悦，有的孩子却很难看到有笑脸。正向情绪的孩子遇到事情会积极回应，满是正能量，比较讨身边人喜欢。但因为他们遇到事情总往好处想，容易盲目乐观，忽视危险。如果你家里有情绪消极的孩子，父母要鼓励孩子多笑、多表达，帮助孩子找到宣泄消极情绪的途径。

第七，坚持度。坚持是指做一件事情能持之以恒，不抛弃，不放弃，在这里指孩子对自己喜欢的事情能坚持，以及对一项任务可以从头至尾完成。在活动中有的孩子更容易坚持下来，遇到困难时，会想再试一次，他一旦确定做一件事情，就要做完。而有的孩子，缺乏目标和计划，不愿意付出长时间持续的努力，遇到自己觉得有趣的事情比较容易坚持，对自己不喜欢的事情连开始行动起来都困难，学习东西自然也困难。坚持度高的孩子，有较强的学习毅力，更容易取得好的成绩。自己决定的事，不易受他人影响。这样的孩子一旦认定某种东西会很难改变，过于执拗刻板，父母们要擅长与孩子沟通，遇到沟通问题切忌硬碰硬。坚持度低的孩子出现变化的概率比较高，愿意接受新的尝试，不过遇到困难容易退缩，父母们要帮助孩子制定容易达成的小目标。稍稍努力就能够达到目标，会让孩子有成就感，持续的成就感能够提升他的坚持度。

第八，注意力的分散度。注意力就是专注力，是指一个人专注于某一件事情，或者是某一项活动的心理状态，比如孩子专心看，专心听，或者是专心写字，专心玩等。不同年龄段的孩子，注意力时长标准不一样。这里教给大家一个简单的判断方法，用年龄乘以2，比如孩子 6 岁，那他能够安静下来集中注意力的时间就是 12 分钟。超过 12 分钟就可以说孩子的注意力时长达标了。如果孩子集中注意力的时间低于年龄乘以 2 的时长，说明孩子的注意力分散。注意力分散的孩子做事情的时候很容易被干扰，学习的时候很难专注，就连玩玩具都不能长时间玩一种。不过这样的孩子也不是没有优点，他们的注意力很容易被分散和转移，能够同时完成多项任务。而有的孩子天生注意力就比较集中，做事情高效、准确。

第九，反应阈。反应阈是指引起孩子反应所需要的刺激量，包括在人际互动中，除了语言外，察言观色的能力。反应阈低的孩子，对外界刺激的敏感度很高，比如周围的声音、气味、光线，稍稍变化，很少的刺激量，他就会尤为敏感，对环境要求高，如抱怨气味问题、声音太大、光线太强等，其实并不是他故意找麻烦、多事，而是他天生对这些比较敏感，需要父母多接纳。而有的孩子就没那么敏感。反应阈高的孩子胆子大，不娇气，身体不舒服也能扛得住。这种气质类型的孩子的缺点就是木讷，不重视细节，不擅长察言观色，神经比较大条，有一定的钝感力，有时给别人造成麻烦而不自知。

孩子出生时不是一张白纸，他们拥有各自的先天气质，知道自己的孩子到底是一颗什么样的"种子"，家长们才能按照这颗"种子"所需要的生长环境去浇水、施肥，这样才能培育出艳丽的花朵。孩子的先天气质分为四种类型，分别是乐天型、忧郁型、激进型和冷静型，也可以对应古希腊医生希波克拉底提出来的多血质、抑郁质、胆汁质、黏液质。

2. 乐天型孩子的特点及养育秘诀

乐天型孩子的特点可以总结为16个字：积极乐观，人际高手，喜爱享受，渴望肯定。乐天型的孩子习惯从乐观的角度去看待事情，他们遇到什么活动都愿意积极主动地参与，遇到困难也不畏惧，比较自信，总是先注意到自己拥有什么，而不是缺乏什么。在人际关系和同伴交往中很有优势，他们善于表达自己的想法，内心丰富，善解人意，具有同情心。乐天型孩子的情绪反应比较大，听到笑话会笑得很开心，听到伤心的事也容易流泪，生气不会憋在心里，会很快就过去。他们属于外向型性格，热情，天生喜欢与人交往，喜欢参加各种各样的社交活动。

对于乐天型孩子来说，他们积极乐观，享受当下，但他们的意志力比较薄弱，学习中容易出现畏难情绪，不善于制订计划，往往只能保持三分钟热度，自我节制能力也比较差，爱花钱享乐，很难树立正确的金钱观。

在这四种气质类型当中，乐天型的孩子是最渴望得到父母的赞美和鼓励的。他们特别在意周边人对自己的看法，希望得到自己亲近的人的认同和赞美。我们会发现乐天型的孩子在人群当中很爱大声讲话，他们其实就是渴求被别人注意，希望得到关注、赞美、认同。如果你家孩子就是乐天型，怎么来养育他呢？

乐天型孩子的教养方式，可以总结为：建立优质的亲子关系，打好温情牌，提升孩子自我约束的能力。

作为乐天型孩子的父母，要知道乐天型的孩子非常在乎父母和自己的关系。如果关系不好，他们是无法接受父母的批评教育的。在他们的世界里，他们只有认可你，才会在乎你的感受，他们只有在乎你的感受，才会认可你教导的东西。家长在教导乐天型孩子的时候，保持良好的亲子关系是一切的前提。教育乐天型的孩子非常适合打温情牌，因为他们很看重人和人的感情，特别在意感情连接和感情调动。举个例子，孩子和其他小朋友发生冲突，你跟他说这样做不好，这样做会没有朋友的，恐怕效果不明显。如果你说："你们以前关系那么好，他还送你小礼物，朋友之间有点小矛盾没关系，妈妈相信你会慢慢解决，你们还会是好朋友。"他会更容易接受。

如果想让乐天型孩子学会自我约束，不能靠严厉的批评说教，而是靠打好感情牌。引导乐天型的孩子有责任心是很重要的。乐天型孩子享受当下，自我约束能力又比较差，他们做事容易没有计划性，因此就要从小引导孩子制订计划，对自己的选择负责任。乐天型的孩子长大以后容易养成花钱大手大脚的习惯，家长从小就要帮助孩子树立理财意识。

3. 忧郁型孩子的特点及养育秘诀

忧郁型孩子的特点有：敏感细腻、自我保护、深刻专注、善于自省、完美主义。这种类型的孩子心思细腻，对周边环境很敏感，如果父母能提供稳定安全的家庭成长环境，他们就能够健康成长，并且很容易成为让别人羡慕的优秀孩子。相反，如果家庭环境不稳定，父母经常吵架，忧郁型的孩子会更敏感脆弱，也更容易受到伤害。父母们先要了解孩子的个性倾向，给孩子提供满足他成长需要的家庭环境才是开展教育的首要前提。

忧郁型的孩子更容易留意到花花草草和小动物，喜欢亲近大自然。忧郁型的孩子敏感，直觉很强烈，当他们遇到危险的时候，或者感受到恶意的时候，可以直接感觉到，自我保护意识也很强。

忧郁型的孩子对感兴趣的事情会投入比较多的感情和精力。他们善于观察，情感丰富且细腻，擅长画画、音乐、舞蹈等艺术活动，专注度比较高，持续性学习能力强。

忧郁型的孩子有完美主义的倾向，学习比其他人更加认真。他们专注度比较高，理解事物比较深刻，通常这类孩子在学习上不用父母操心。忧郁型是学霸的典型的气质类型。

　　养育忧郁型的孩子要从家庭氛围、情绪管理、人际交往三方面入手。父母要给孩子提供安全健康的家庭氛围，要满足孩子对安全感的需要，给予孩子坚强的支持，才能调动孩子的潜力。这类孩子的观察能力强，父母一定做好榜样和示范作用。这类孩子善于自省，如果家庭不和谐，孩子就容易一蹶不振，甚至认为父母吵架都是因为自己。忧郁型的孩子容易胆小懦弱，家长要多给孩子创造独立活动的机会，让他亲身体验到自己是有能力完成事情的，慢慢地培养他果敢的精神。如果他犯了错误，不要过多地批评他。可能你还没批评他，他就已经自责了。忧郁型的孩子，对别人的恶言和攻击会记很久，是记仇的孩子。所以在批评忧郁型的孩子的时候，一定要掌握语言的艺术，不能苛责。

　　对于忧郁型的孩子，家长们要多关注孩子的情绪变化。家庭关系不好，忧郁型的孩子就很容易把自己和父母的痛苦与悲伤捆绑在一块儿。如果家里有忧郁型的孩子，一定要跟孩子经常沟通，多做情绪管理游戏。

4.激进型孩子的特点及养育秘诀

激进型的孩子最大的特征就是目标感很强。目标导向型的孩子，执行力也比较强。激进型孩子的特点可总结为：目标感强，意志坚决，执行力强，天生领袖。这样的孩子一旦定下了目标，就会朝着目标前进，遇到困难也能主动克服。为了达到目标，他们甚至可以不在意过程，只要能实现目标，可以放弃一切。这一类型的孩子执行力特别强，意志坚定，他们展现出来的意志力、抗压力、自律性是其他类型的孩子无法企及的。激进型是天生的领导者的气质类型。

激进型的孩子有独立的思维能力，如果他们决定好好学习，就会非常坚毅。只要他们想取得好成绩，不管多难，都会坚持学习，甚至不眠不休。

激进型孩子的抗压能力是比较高的，碰到困难的事情他们也不会中途放弃。我们发现很多企业家、革命家、政治家都是激进型的气质类型。这种类型的孩子很顽强，精力充沛，有目标，能抗压，有决断，能坚持，而且天生就喜欢领导别人。忧郁型的孩子专注度比较高，很容易取得成绩，他们一般淡泊名利，也不喜欢掌控别人，注重自己的内心感受。与忧郁型的孩子不同，激进型的孩子更在意成就和名利。

教养激进型的孩子的方法包括两个方面：树立正确的三观，激发同情心。激进型的孩子为了达到自己的目标可以不关注过程，父母们要确保孩子在成长的过程中树立正确的三观，尤其是是非观，要让孩子知道自己确定的目标是不是良性的目标，在实现目标的过程中不能违背道德观。如果这类孩子三观有问题，一旦路走偏了，他强大的能力会产生很大的破坏力。父母一定要通过自己的榜样作用为孩子注入正确的三观。

激进型的孩子大多天生不喜欢同情弱者，父母们要从小激发孩子的同情心和同理心，带他去做一些帮助别人的事，让孩子树立互帮互助的美德。激进型的孩子最忌讳的就是遇到控制型的父母。如果发现孩子是这个类型，家长一定要放弃控制欲。激进型的孩子生命力特别强，非常有主见，一旦他的想法和目标得不到父母的支持，就会产生强烈的叛逆行为。遇到高压型的父母，乐天型的孩子会郁闷一会儿，而激进型的孩子会极力反抗。家长们可以给孩子更多更大的发展空间，少一些外部约束，多一些内在鼓励。

5. 冷静型孩子的特点及养育秘诀

冷静型气质的孩子比较安静内向，天生谨慎，喜欢独处，内心平和，善于思考。冷静型和忧郁型的孩子有一个相近的特点——谨慎。别的孩子有一半成功的把握就愿意去尝试，冷静型气质的孩子需要有百分之九十的把握才肯去尝试。冷静型的孩子不仅习惯于做事之前做计划，还会搜集资料，多加思考，甚至需要有成功的案例，才愿意去做。这种孩子不喜欢冒险，做事情很理智，也很冷静。这类孩子身体不爱活动，但是大脑十分活跃。只靠大脑思考，他就能把一件事儿想得十分周全，甚至每个细节都不会错过。

冷静型的孩子不喜欢被周围的人关注，就连穿衣服都会选择安全的颜色，款式也简单普通，不希望吸引他人更多的目光。如果家长想让这类孩子在众人面前展示一下才艺，无论是唱歌、演讲、背诗，孩子往往会毫不犹豫地拒绝。

他们天生具有很强的逻辑思维能力，在做任何事情之前都会用很多时间思考，再去行动。情绪稳定是冷静型孩子的优势，他们不太容易受到外界的影响。如果家庭关系不和谐，父母总是争吵，冷静型的孩子有边界感，他们会去做自己力所能及的事情，如果发现自己无力改变现状，他们也能把自己抽离出来，不会被父母吵架困扰。

冷静型的孩子秩序感很强，家长只要把期待他们做的事情交代清楚，他们就会达到父母的期待。切记不要让孩子自己去发挥，他们不会有更多的想法和创意。

在人际交往方面，冷静型的孩子并不需要很多的朋友，只要有几个知心朋友就够了，他们比较享受独处的时光。

如何教养冷静型的孩子呢？家长们要接纳孩子的慢节奏，多给予他们关注，鼓励他们去表达自己的感受。冷静型的孩子很少需要父母操心，他们的自我管理能力、学习能力、金钱观都是不需要父母操心的。唯一有可能让父母抓狂的就是做事情比较慢，吃饭、洗澡、写作业都有可能比别的孩子慢半拍。因为他们个性谨慎，做任何事情都要思考和准备。遇到这样的孩子，家长不要催促，越催孩子做起事来越慢越拖拉，家长们要尊重和理解孩子。这样的孩子最怕遇到性子急躁的父母。如果每天都被催促，他心里会觉得没有安全感。冷静型的孩子看上去个性温和，但骨子里非常固执倔强，更希望做事情尽善尽美，不希望别人干扰他们思考行动的过程。

冷静型的孩子非常需要父母多给予他们肯定，跟激进型的孩子比起来，他们看上去明显精力不够。成年后即使做的是脑力劳动，但是回到家就像刚做完苦力一样，觉得很疲劳。这是因为不管是工作还是生活中的事情，冷静型的孩子都会思考很多。他们的脑子真的很累，这样的孩子看上去总是懒洋洋的样子，父母通常觉得这样的孩子懒，实际上他们并不是懒，只是他们的精力没有那么旺盛。虽然他们看上去不那么活泼，不那么爱跑爱跳，但是这正是他们身体的智慧，因为他们的身体知道有太多的精力要消耗在思考上，所以就会自动减少活动，积蓄能量。所以，冷静型孩子的父母不要指责孩子慢，也不要嫌弃孩子懒。你希望他哪方面做得好，就多在他哪个方面做得好的时候表扬他，认可他，只有用正面肯定的方式，才能够激发孩子积极行动的动力，让他变得更有力量，更有行动力。

了解了冷静型孩子的特点后，这类孩子养育起来是非常轻松的，不用担心纪律问题，不用担心破坏问题，也不会有情绪问题，与人相处也是和谐的。父母千万别忽略了对他们的关爱。因为他们天生不喜欢表达感受，所以成年后组建家庭时会遇到障碍。父母从小要引导他们表达感受，带领他们多做情绪教养的游戏，多鼓励他们和别人交往，让孩子慢慢敞开心扉，扩大交际的范围。

对一个天生内向的孩子，养育策略不是努力把他培养成一个外向的人，而是充分挖掘内向人格的先天优势，扬长不避短，实施差异化养育策略。

第一，优点中发展，缺点中学习。如果孩子的先天气质是激进型，父母觉得他太胡闹了，与其采取各种手段打压和限制，试图把他培养成一个听话的冷静型孩子，不如发挥孩子先天性格的优势，发掘孩子的天赋和潜能，树立孩子的自信心，促使孩子学习和进步。

不要求尽善尽美，要懂得扬长避短。

第二，**不给孩子贴先天气质的标签**。每一种先天气质，都有其优点和缺点，没有好坏之分。了解孩子的先天气质类型，是为了更好地认识孩子的性格，找到孩子身上的闪光点，切忌盲目给孩子贴标签。

第三，**不同的先天气质，需要不同的养育方案**。比如，忧郁型的孩子特别需要稳定的家庭关系，因为他对环境非常敏感。糟糕的家庭环境会导致孩子敏感、脆弱等。而乐天型和冷静型的孩子对环境的敏感度比较低，不太在意身边的环境变化。忧郁型的孩子会让父母们过度担心，感觉孩子总是快乐不起来，但这种类型的孩子也有很多优点，如学习能力强和悟性高。不同的气质类型，需要家长们采取不同的养育方案。

二、孩子成长的关键阶段

养育从来就不是一件简单的事，家长需要了解孩子每个阶段的发展特点，各个阶段遇到问题时才能够从容面对，帮助孩子更好地成长。儿童敏感期是指儿童在某段时间内，会有某种强烈的自然行为。在此期间，对某一种知识或技巧有着特殊的认知。

敏感期的出现使孩子对环境中的某个层面有强烈的兴趣，孩子会出现大量的、有意识的活动。在敏感期内施教，事半功倍，可以迅速提高孩子在某方面的能力。比如，绘画。孩子处于绘画敏感期时，孩子喜欢用画笔到处涂涂抹抹，但大部分父母会从洁净的角度出发，阻止他们乱涂乱画，如果过了绘画敏感时期，孩子很可能对画画失去兴趣，想再培养就很困难。

叛逆期的到来，唤醒了孩子的独立意识和自我意识，他们常常表现出不听话、爱顶嘴等叛逆行为，让父母们感到十分不解和烦恼。很多家长感慨："孩子到了一个阶段，突然像变了个人一样。"父母们不知道这样的变化到底是什么原因导致的，其实这些就是孩子叛逆期到来的表现。

养育孩子，父母切忌使用蛮力。认识到孩子成长敏感期，在敏感期实施恰当的教育，充分发掘孩子的潜能，养育孩子就会事半功倍。

1. 抓住成长敏感期

成长敏感期是由意大利教育家玛利亚·蒙台梭利（Maria Montessori）最先提出的。他认为孩子的接受能力和技能的学习都是有敏感期的。抓住敏感期阶段好好培养，孩子就能更好地发挥潜能；错过敏感期，孩子的内在能量可能得不到释放。蒙台梭利通过观察研究，将孩子的敏感期分成了九大类。

第一类，语言敏感期。0～6岁是孩子语言发育的敏感期。

孩子从试着发出声音时就进入语言敏感期了。这个阶段家长需要给孩子创造良好的语言环境，尽量用标准的普通话交流。家长的表达要注重语句的完整性和逻辑性。语言敏感期在 6 个月左右就开始出现，孩子两岁左右是语言爆发阶段，0～3 岁是听觉的敏感期，3～4 岁是语言表达的敏感期，5～6 岁是语言应用和阅读理解的敏感期。0～6 岁是孩子学习口语表达的关键期，这个阶段，父母要经常跟孩子用语言交流，讲故事，问答，帮助孩子了解更多的内容，鼓励孩子多说，促进孩子的理解能力和表达能力提升。

第二类，秩序敏感期。2～4 岁是孩子秩序感强烈的阶段。

孩子的秩序敏感表现在顺序性、生活习惯、所有物的归属上。这个年龄段的孩子喜欢把拿走的物品放回原处，对东西的摆放、时间顺序都很敏感，固执地坚持自己内心的秩序，不受他人干扰。在这个时期，父母应逐渐引导孩子脱离以自我为中心，鼓励孩子多与其他孩子交朋友。父母应帮助孩子建立明确的生活规范、日常礼仪，训练他们养成自律能力，以便适应社会规范。

第三类，感官敏感期。0 ～ 6 岁是感官敏感期。

蒙台梭利说："来自智力的东西没有一件不是来自感官。"孩子从出生起，就会凭借视觉、听觉、触觉、味觉、嗅觉等感官来探索世界，认识事物。孩子出生不久，他们的眼睛、耳朵以及嘴巴就已经开始探索世界，获取知识了。他们把能抓到手的东西往嘴里送，不是因为肚子饿，而是他们在用嘴巴认识世界。感官的敏感度会影响孩子的专注力、记忆力、思维逻辑能力等。父母在孩子感官敏感期多加引导，有助于孩子建立并完善感官系统，增强协调能力，为以后的学习能力打下坚实。

第四类，关注细小事物敏感期。1 ～ 4 岁是孩子关注细小事物的敏感期。

这个时期孩子对周围小的东西格外关注，纽扣、毛发、面包屑都会吸引他们的注意力，他们常常能捕捉到身边细微事物的奥秘。你会发现，孩子喜欢捡细小的物体，观察不起眼的事物，比如蚂蚁洞、正在织网的蜘蛛等。进入这个阶段，很多孩子会改掉粗心的毛病，开始变得注意细节。在这个时期，孩子的观察能力很强，如果多加引导，孩子对事物会有更敏锐的判断能力。孩子为了能够更仔细地观察细小事物，会蹲下、抓握。在这个过程中，孩子的手、眼、四肢的协调能力都将得到进一步的发展。

第五类，动作敏感期。0～6岁是孩子的动作敏感期。动作可分为两种：一种是大动作，指的是跑、跳、走等肢体动作；一种是精细动作，指的是手指拿、捏、搓等细小的肌肉动作。

3岁前父母不要一直把孩子抱在身上，让孩子多爬行，让孩子早点学走路，让孩子充分运动，可以发展大肌肉动作。有一个印度女孩只有几个月大的时候就被狼叼去哺养，七八岁时才被人从狼窝中救出来。由于多年来与狼生活在一起，她错过了行走等关键期，她不会走路，不会用手拿东西，只会爬。她的习性是白天潜伏，夜间活动，午夜号叫，只会用嘴叼吃生肉。当她回到人群当中，家人用两年教会她站立，用了6年时间教会她走路。

在动作敏感期，父母应该让孩子充分运动，提升孩子肢体的协调性，促进左右脑的均衡发展。另外，要进行手眼协调的精细动作锻炼，这样不仅能强身健体，也能促进孩子智力的发展。

第六类，社交规范敏感期。2～6岁是社交规范敏感期。

2岁之前的孩子以自我为中心，进入社会行为规范敏感期，孩子会逐渐改掉原来以自我为中心的心理模式，开始关注周围的人和事，变得喜爱结交朋友，喜欢模仿身边的人，喜欢去人多的地方，喜欢扎堆凑热闹。孩子逐渐意识到朋友的重要性，喜欢集体活动，喜欢分享。这个时期帮助孩子建立社交能力、提升情绪表达能力和情商是非常关键的。处于社交规范敏感期的孩子会将自己看到的社交规范作为自己的行为准则，不仅要求自己遵守这样的规则，也要求身边人遵守。这个时候父母一定要做积极的榜样，给孩子正确引导，增强孩子的社会秩序感、社会责任感。

第七类，书写敏感期。孩子的书写敏感期比其他敏感期出现得晚一些，一般出现在三岁半到四岁半之间。

这个阶段的孩子喜欢拿着笔到处乱画。家里的墙壁、地板、沙发都逃不过孩子的涂涂画画。这个时期孩子的手腕是没有力气的，画的线条是歪歪扭扭的。这段时间家长不要刻意阻止孩子写写画画，应创造机会，锻炼孩子的操作能力，为以后写字打下基础。孩子在书写敏感期，会对字的形状、结构感兴趣，书写敏感期也是孩子识字的敏感阶段。

第八类，阅读敏感期。四岁半到五岁半，孩子进入阅读敏感期。

如果父母错过了孩子的阅读敏感期，或者超过 6 岁才开始培养孩子的阅读习惯，孩子可能比较难养成良好的阅读兴趣。5 岁左右，孩子开始由看图发展到识字，进入到阅读启蒙敏感期；5 ～ 7 岁，孩子进入大量识字的阶段；8 ～ 10 岁，应该进入自由流畅阅读的阶段。由图向文字转变初步建立阅读兴趣的基础，在小学三四年级开始，孩子应该进入他一生中第一个也是最重要的一个黄金阅读期。早慧孩子的共同特点之一就是喜欢阅读，美国心理学的研究成果中指出，有 44% 的天才男童和 46% 的天才女童是在 5 岁以前开始阅读的。

第九类，文化学习敏感期。3～6岁孩子进入文化学习的敏感期的初期。

这个阶段孩子对世界充满好奇，也是创造力和想象力快速发展的阶段，喜欢探索世界，喜欢问为什么。这个阶段的孩子会对某些事物非常痴迷，比如，喜欢飞机模型，喜欢收集动漫卡片等。真正学习文化知识的敏感期6岁到9岁才正式出现。这个时期也是小学学习的阶段，是学龄阶段的开始，我们要帮孩子培养良好的学习能力和良好的学习习惯，为他们提供更多的学习途径和机会，为以后的发展做好充足准备。

家长们在养育孩子的过程中，要懂得"顺势而为"，要在最适合的时候为孩子创造机会。孩子学起来轻松自在，父母也开心，对比动辄"鸡飞狗跳"的教养方式，"顺势而为"的教养方式实在值得推崇。

2. 正确疏导叛逆期

经常听家长抱怨，孩子进入叛逆期，实在太难管了，打骂不得，说又不听，真是让人头疼，不知道该怎么办。其实每个孩子都要经历叛逆期，人一生里一共有三个叛逆期，分别是2～3岁的幼儿叛逆期，6～8

岁的儿童叛逆期，12～18岁的青春叛逆期。叛逆是生理成长反映在了孩子的行为上，不同的叛逆期有不同的叛逆表现，所以父母面对孩子的三个叛逆期所采取的教育方法也要不同。三个叛逆期，孩子难管的程度依次增加。父母刚刚陪伴孩子度过上一个叛逆期，就要迎接下一个叛逆期。那么，在孩子处于叛逆期时，家长到底该做点什么？

第一，幼儿叛逆期。2～3岁是幼儿阶段的叛逆期，又称宝宝叛逆期。

2岁的孩子就开始叛逆了？很多家长不敢相信。你可以观察一下，从什么时候开始孩子学会说"不"了，开始反抗了，也就是孩子的第一个叛逆期开始了。比如，让他喝奶，他就是不喝；让睡觉，他就是要玩儿；凶他他就哭，扔玩具，砸东西。2～3岁的孩子已经可以跑跳到想去的地方，可以主动去拿自己想要的东西，不再依赖父母做事情，独立意识增强，不想再被父母约束行为。生理生长迅速和心理成长缓慢造成的不对等，让孩子在这个时期的叛逆反应直观又激烈，如砸东西、打爸爸妈妈，喜欢说不。

面对这种情况，父母要调整自己的心态、行为以及照料孩子的方式，给孩子更多独自尝试的机会。孩子出现问题后，父母要正面引导，不要责备打骂。这个时候孩子明显开始爱发脾气，要懂得疏导孩子的情绪，教会孩子合理发泄情绪。与这个阶段的孩子沟通的时候要注意，不能用商量的语气，更不能用命令的口气。这个阶段的孩子比较自我，没有"规矩"这种意识，你越和他商量，他就越想叛逆。家长无意识的粗暴语气，孩子感受到的就是语言暴力，这个阶段的孩子会比父母反应更加激烈。语气平和但坚定，才是父母教导孩子的好方法。

第二，儿童叛逆期。6～8岁是儿童阶段的叛逆期。

家长可能深有体会，孩子在五六岁的时候还很听话，家长说的事情，他们基本上会照做。6～8岁时他们突然间变成了问题儿童，身上出现了各种各样的坏习惯，再加上这个阶段孩子开始上小学，接触新环境，更是给家长重重的考验。上课不听讲、回家不写作业、磨蹭拖拉、撒谎狡辩等问题就出现了。6～8岁是孩子内心矛盾的一个阶段，他们既渴望独立，摆脱父母的控制，在生活上又要依赖父母的照顾，就会通过一些叛逆行为来表达自己有独立的想法。而这个时候家长的教育在他们看来是不耐烦的指责，这个时期的孩子易怒，易冲动，会和父母顶嘴，且对生命还没有畏惧感，认为自己可以对自己的身体负责，总想证明自己已经是大人了，甚至会做出极端的举动。例如，一个6岁男童放学后回到家里，要看动画片，妈妈不同意，他就和妈妈大吵了一架后离家出走。

这个阶段孩子的心情好坏不定，父母应注意观察孩子的行为变化和心理状况，要有耐心和包容心，找到正确的方法来帮助孩子，要帮助孩子养成好的习惯，培养他们的责任感、规则意识。这个时期，家长要在约束孩子和给孩子空间里做好平衡，不能过分约束，但也不能一味放纵，要张弛有度，给孩子空间和自主选择权，但也要让孩子知道行事的规矩和道理，不能只顺着自己的心意来，这样孩子就不会染上不好的习惯。

第三，青春叛逆期。12～18岁是青春期碰上了叛逆期。

青春期是孩子成长过程中一个特殊的时期。提起青春期，很多家长闻声色变。处于叛逆期的孩子让家长头疼不已，每天有解决不完的亲子冲突出现，再加上遇到了青春期，家长和孩子之间的冲突矛盾瞬间升级。青春期孩子的心理和生理都生长到了一个临界点，所以孩子整个人都是躁动的，容易产生焦虑、逆反、挫败等负面情绪。这个时期的孩子会敏感多虑，自尊心极强，总想做出一些违反规矩的事情来挑战父母的权威，宣示自己要正式成人了。

父母一定不要压抑孩子的成长，不要强迫孩子听自己的话，要试着安抚正在人生长河里迷茫受惊的孩子，父母要提前做好准备，建立良好的亲子关系和和谐的家庭氛围，让孩子把家当成避风港。这个阶段孩子的敏感一旦被触发而与家长起冲突，那可能就会造成不可挽回的损失。在这个时期，父母们要给予孩子充分理解、包容和家庭的安全感。当孩子自己解开这个心结时，那么叛逆期也就结束了。

叛逆不是错误，而是成长的标志，如果家长能够正确对待这个阶段的孩子，和孩子一起克服重重困难，给孩子一个温暖的氛围和和谐的家庭环境，就可以让孩子顺利度过叛逆期，塑造健康的心理和健全的人格。

三、亲子关系发展的各个阶段

孩子听谁的？是爸爸妈妈，还是老师？答案是和他关系好的人。在教育过程中，父母想让孩子听自己的话，怎样和孩子建立良好的亲子关系就显得尤为重要。随着孩子的成长变化，父母和孩子的关系会经历三个阶段的发展变化。家长们了解了自己和孩子不同时期的关系特点，才能更好地与孩子交流，帮助孩子成长。

亲子关系是父母与子女之间以血缘为基础，相互依存，长期影响的有明显感情倾向的关系，是人与社会联系中出现最早、最持久的人际关系。在亲子关系当中，父母的行为对子女的养育方式和孩子的身心发展产生重要的影响。亲子关系是所有人际交往关系的基础。家庭教育中的大多数问题，都能在亲子关系中找到答案。比如，孩子胆小自卑，缺乏安全感，社交能力弱；叛逆期来得早，没有规则意识；自私霸道，以自我为中心等。这些行为的背后都与不良的亲子关系息息相关。

我们发现，很多孩子幼儿时期被托付给老人看管，等到孩子稍微大一点，准备上学了，父母才把孩子接回身边管教。父母认为孩子小时候不懂事，吃饱穿暖就好，大了以后再管教来得及。可是接到身边才发现孩子行为上有很大偏差，越管越糟糕，孩子对父母十分抗拒，无论父母说什么，孩子都不愿意配合，父母陷入想管管不了的局面。前面亲子依恋关系的缺失，后面花很大的代价也不一定能弥补。

相反，如果孩子和父母之间是一种紧密的、良性的亲子关系，孩子尊重、信任父母，对父母的行为认同感较强，更愿意听从父母的建议和管理，父母养育孩子就更轻松。这样的亲子关系，也会帮助孩子塑造良好的性格，让孩子思维方式更积极，与人交往时更自信，探索外部世界时更加得心应手。

很多父母抱怨"为什么感觉和孩子相处这么难呢？每次看到别的父母和孩子关系亲密，就特别羡慕。"想要拥有令人羡慕的亲子关系，父母们需要了解孩子在不同年龄段的心理需求，了解不同的年龄段亲子关系的特征。亲子关系最主要的特征就是它的年龄阶段性。随着孩子年龄的增长,亲子关系会发生一系列变化,婴幼儿时期的亲子关系是相互依恋，儿童时期的亲子关系是既关爱又约束，青少年时期的亲子关系以冲突为主要特征。

亲子关系是一项重要的教育因素，亲子关系远比某一具体的教育方法重要。家长需要时刻提醒自己：亲子关系重于教育方法。一旦本末倒置，必然会离理想的养育效果越来越远。

1. 依恋阶段的亲子关系

第一个阶段是婴幼儿阶段，亲子关系处于依恋阶段。在这个阶段，孩子和父母的关系非常紧密。这种依恋关系是双向的，不仅体现在孩子依恋于父母全身心地照料呵护，父母也会做出同样的情感回应，也依恋孩子的需求。依恋关系最为重要的时期就是孩子出生后的第一年，这一年父母对孩子的照顾决定了亲子依恋关系是否安全。安全的依恋关系是非常重要的，会影响孩子一生当中各个阶段的成长。

与父母建立安全的依恋关系能够使孩子具有安全感。这样的孩子在婴幼儿阶段更平静，更爱笑，更愿意尝试新鲜事物，适应能力强。相反，没有与父母建立安全依恋关系的孩子会胆小，爱哭，焦虑，不爱探索。与父母建立安全的依恋关系的孩子在儿童时期更自信，更受欢迎，依赖性小，更积极向上，更易于教养。相反，没有与父母建立安全依恋关系的孩子，难管教，自私，摇摆不定，没有安全感，更依赖父母。

与父母建立安全依恋关系的孩子，在青少年时期会情绪更稳定，社交能力强，更善于表达自己，能够更顺利地度过青春期。孩子在依恋阶段没有获得安全感的，在青春期更容易产生情感问题和心理问题，更容易焦虑和抑郁，更容易出现亲子关系的对立、冲突。

2. 教养阶段的亲子关系

第二个阶段是儿童时期，亲子关系处于教养阶段。

教养阶段的亲子关系有两个特点：第一个是关爱，第二个是约束。在儿童时期，孩子开始进入学校，要学习学校安排的各科知识，同时，他们也要开始建立多种社会关系，参加社会活动。比如，学校安排的一些模拟社会工作，担任班级委员，参加各种值日，参加各类竞赛等。这个阶段亲子关系的第一个变化就是父母和孩子相处的时间减少。第二个变化就是孩子进入小学阶段，父母面临的日常教育问题更加复杂化。孩子周边的环境比幼儿阶段更为复杂，父母需要关注的育儿问题更多样化。第三个变化是父母对孩子的影响力减弱了。随着孩子年龄的不断增长，儿童逐渐关注自己的自尊和自主问题，同时会产生很多自己的观点，更希望自己做决策。家长要认真倾听孩子自己的想法，尊重孩子的选择，而不是凡事要求孩子听从自己的想法。孩子会感受到父母对自己的尊重，也更容易接受他人的不同意见。

在这个阶段孩子会出现很多问题，比如，入学不适应，上课不注意听讲，写作业磨蹭拖拉，迷恋手机游戏，与同龄人接触困难，不听老师教诲等。父母需要建立规则，及时约束和纠正孩子的行为。

这个阶段的亲子关系如果处理不当会出现很多问题。家长管理得过于严格，孩子会懦弱；家长管理得过于松懈，孩子会骄纵。家长关爱多，孩子会更加有爱心和自信；如果家长对孩子关注度低，孩子就会冷漠，甚至有攻击性。注意，在建立规则意识的阶段，爸爸的角色感增强了，爸爸在这个阶段多和孩子互动，孩子和母亲分离的焦虑就会减少很多，同时更容易接受新鲜事物，更容易适应新的环境。

家长需要适应小学阶段的亲子关系变化，和孩子建立良好的亲子关系。这里要注意的是良好的亲子关系并非家长把孩子牢牢地控制住，也不是孩子事事都要听从父母的要求和命令，更不是家长事事包办，让孩子事事都要依赖父母，而应该是孩子和父母互相尊重，互相信任，平等相处，相互学习，共同成长。

3. 冲突阶段的亲子关系

"孩子今年上初一，最近一次考试没考好。饭桌上我数落了他几句，结果孩子把碗一摔，饭也不吃了，几天都不和我们说话。"像这样的亲子关系问题，在我的咨询案例中屡见不鲜。

青春期是亲子关系的冲突阶段。这个时期孩子的身体已经变得强壮，甚至很多孩子比父母都要高大，同时内心也变得强大了，他们对世界了解得越来越多，身体长高变壮的同时，心理上也越来越独立。青春期孩子的特点决定了孩子和父母的关系时时面临冲突。青春期的孩子自我意识强烈，认为自己是最重要的，世界是以自己为中心运转的。他们常常我行我素，不喜欢听父母的教导，而是维护自己的独立性。很多孩子会觉得家长的指挥、教导是对他们心理界限的一种侵扰，是越界行为，所以对父母常常是警惕和对抗的状态。

青春期的孩子很喜欢挑战权威。青春期的孩子认为自己已经长大了，开始质疑大人的权威，于是故意做一些家长不允许或学校明文规定不能做的事情，因为这样可以让他们觉得自己是强大的。于是就出现了父母说不了两句话，孩子就觉得烦的场面。

青春期的亲子关系看起来处处都是冲突，表现为有的孩子无视家长说的话，有的开始和家长顶嘴，还有的会朝家长吼叫，甚至会离家出走。但这也代表他们形成了自己的个性特征、思维模式和行为习惯。如果父母的教育方式没有发生改变，还用儿童阶段的教养模式对待孩子，孩子就会出现情绪障碍。这个阶段的父母要懂得，孩子独立代表孩子在成长，独立是为了更好地适应当下的环境。

家长们要及时调整自己的教育方式，应对孩子各个阶段的成长变化。安全的亲子依恋关系，能让孩子在成长过程中保持积极的行为、健康的人格、良好的社交。虽然决定亲子依恋关系是否安全的关键期是出生后第一年，但是，如果孩子在其他成长阶段中出现消极事件，比如父母离异、疾病以及其他不良的行为，也会把原本安全的亲子依恋关系变成不安全的依恋关系。所以父母和孩子关系的稳定性和质量对孩子成长非常重要。

案例一

我儿子 14 岁，正在读初二。最近他变得越来越叛逆，学习上得过且过，写作业拖拉磨蹭，非常马虎，字迹潦草，学习成绩比较差，放学回到家就把自己关到房间里，大人跟他说话爱搭不理，最近又迷上了网络游戏，而且脾气越来越差，有时候不知道被哪句话刺激到了，就大喊大叫，或者气愤地摔门而去。有一次我帮他整理房间，他却冲我发脾气。所以青春期的确非常令人头痛。我苦口婆心地跟孩子讲道理，可是孩子就是听不进去，我只能眼睁睁地看着孩子天天玩游戏，不好好学习，干着急也没有办法。

这很重要：

处于青春期的孩子心理和生理都会发生巨大的变化，家长要了解这个复杂的阶段。进入青春期的孩子的大脑又会发生一轮类似于婴幼儿时期的关键发育，独立意识增强，孩子的脑前额叶却未发育成熟，青少年就会频繁出现以下行为：情绪化严重，以自我为中心，寻求刺激，重视自己在同伴心中的位置，忽略家长的感受，容易学坏，喜欢熬夜，一心多用，注意力难以集中，容易出现学习困难问题，等等。如果青春期出现叛逆问题，我们要追溯到孩子小的时候，那个时期父母和孩子没能建立起良好的亲子关系。家长们要认识到很多冲突不是错误，只是观点不同。家长们必须接受孩子正在长大这个事实。不要把孩子当作小朋友试图去压制和说服，这样就可以避免很多不必要的矛盾和冲突。

案例二

孩子五岁半，十分内向。有一次在商场遇到了爸爸的同事，同事弯下腰问孩子："宝贝，你叫什么名字？"孩子低下头，眼神刻意躲避对方并且不出声。妈妈看到孩子的状态，赶忙说："叔叔问你话呢，你怎么不回答呀？"于是代替孩子抢先回答说，他叫某某某。叔叔又问："你今年几岁啊？"那个妈妈又说："快告诉叔叔你今年几岁了。"孩子又不好意思说。妈妈无奈地说："哎呀，我家这孩子呀，就是胆小，太害羞了。"

这很重要：

4岁以上的孩子，先天气质类型导致的差异就很明显了，有的表现得相对开朗，有的会相对害羞。案例中的这个孩子的气质属于冷静型或忧郁型，在社交过程中，对新的环境和人需要有一个适应过程。而这个妈妈根本就没有给孩子慢慢去适应的时间，甚至给孩子贴了一个负面的标签，认为孩子胆小、害羞。孩子还没有开口回答的时候，家长就已代替孩子作答。

　　作为家长要学会包容并理解孩子性格的独特性，不但自己要包容，也要争取让身边的亲人和朋友都能够理解孩子，无论发生什么都坚定地站在孩子这一边。

第二章

原生家庭与自我疗愈

原生家庭这个词来源于西方社会学，主要应用在西方家庭心理治疗当中。在西方，原生家庭的概念是指子女尚未婚配成家且同父母住在一起的家庭形式。原生家庭这个词被引入中国后，广泛应用于家庭教育咨询或分析当中。中国是一个家庭文化历史悠久的国家，与西方的原生家庭情况有很大的不同，比如，三代同堂和四世同堂的情况仍然普遍存在。在中国的家庭教育中使用原生家庭这个词，就需要了解中国的家庭文化，研究具有中国特色的原生家庭。

　　家庭，对于中国人来说意义重要。家作为饮食起居的场所、亲情和血缘关系的纽带，具有极高的地位。林语堂说："人生幸福，无非四件事：一是睡在自家床上；二是吃父母做的饭菜；三是听爱人讲情话；四是跟孩子做游戏。"可以说，家文化是中国文化的基础。读懂了家文化，才能读懂中国人。

一、中国的家庭文化

中国家庭文化的产生基于中国的自然环境、农业文明和宗法制度。中国的地理环境较为封闭，一侧临海，三面与陆地接壤。封闭的地理环境使得人们习惯了自给自足的生活方式。家庭文化当中追求稳定和谐和隐蔽的特点就形成了。中国的农耕文明是小国寡民的自给自足、男耕女织式的家庭经济模式。人们更重视男性和女性搭配着经营家庭，男主外女主内的模式应运而生。血缘关系是一个家庭的核心关系，家长制度也逐渐形成。古代的宗法制度以血缘关系为基础，以嫡长子继承制度为核心，家族的关系非常紧密。

中国家庭文化深受中国传统文化——儒家思想的

影响，儒家文化把男性在家庭中的地位以道德伦理的形式确定下来，称"君为臣纲、父为子纲、夫为妻纲"，把家庭伦理关系等同于国家的君臣关系。

中国家庭文化影响下的家庭特点就是以血缘亲情为纽带，以父系原则为主导，以儒家思想为主要推动力，逐渐形成以家族和家庭成员之间的上下尊卑、长幼有序的身份规定为行为规范。

中国家庭文化非常重视个人、家庭、家族、宗族、国家之间的关系，儒家思想中倡导的"三纲五常"强调家庭关系中的等级尊卑制度，也使得"男尊女卑、父尊子卑、兄尊弟卑、夫尊妻卑、父母尊子女卑"长期植根在家庭文化当中。基于"父母尊子女卑"观念出现的"孝道"，指孩子绝对要尊重父母，满足父母的一切要求。尊重和关心父母是一种美德，但过度强调孝敬父母的观念可能会导致不健康的家庭关系。在一些家庭中，父母可能过分依赖子女，子女则可能为了满足父母的需求而牺牲了自己的幸福和发展。这种不健康的家庭关系可能会限制孩子的自由和发展。养儿防老的观念导致孩子成为父母的投资品，父母在孩子身上花费精力和时间是为了父母年老的时候有所依靠，所以父母为了降低老年赡养风险就会多生孩子。很多父母也会在孩子身上过度投资，将他们视为延续自己的存在，孩子可能因为过度溺爱失去独立思考和生活的能力，无法达到父母的期待。

"男尊女卑"是男权主义的代表观念。重男轻女的家庭观念在现在的家庭教育中仍然存在。男孩比女孩地位更高就在于男孩子被认为是家族的继承者，可以传宗接代。这样的观念让男孩子更受重视，同时也会被传统的道德观念束缚。父母教育男孩子的时候会说："你是男子汉，看你现在这样子，以后怎么成家立业？怎么供养父母妻儿？"对于每个孩子，我们都要教育与引导他具有家庭责任心。但是，不应该从孩子性别的角度去强调他们的责任感，用传统的道德去规范、约束他们，这些道德将成为孩子成长过程中沉重的精神包袱。重男轻女的观念认为，女儿长大后要嫁人，嫁出去的女儿就不是自己家的人了。女孩子被视为天生的弱者，我们经常听见父母这样教育孩子："某某是女孩，你应该让着她。"让男生让着女生，这不是对女生的尊重，而是在帮助男生滋长大男子主义，也是在贬低女生的人格。谦让是人人都应该养成的美德，不应该只针对某一性别的人。错误面前，更不应该因为性别不同而颠倒黑白。

重男轻女思想极易导致婆媳关系、夫妻关系、亲子关系不和谐。在很多家庭中，妈妈生了女儿之后，不仅会在婆家遭到轻视和辱骂，甚至也不被丈夫尊重。女儿长大之后很可能还会向自己的孩子灌输重男轻女的思想。这不仅是一个家庭的悲剧，也是几代人的悲剧。

中国的家庭文化让中国人更重视家庭，父母对儿女的爱沉重深厚，原生家庭对国人的影响巨大。"父母之爱子，则为之计深远。""不孝有三，无后为大。""身体发肤，受之父母。""母苦儿未见，儿劳母不安。"等都在歌颂父母恩情。这反映了中国人感恩父母之爱，但也释放了一种危险的信号，要从受传统文化深远影响的原生家庭中获取爱与幸福并不容易。

二、原生家庭和异常行为

　　人的一生中通常会拥有两种类型的家庭：一种是我们从小长大的家，一种是结婚后组建的家庭。我们把第一种家叫作原生家庭。原生家庭就像一根隐形的藤蔓，又像刻在骨子里的基因，被不断地复制和传承。心理学家苏珊·福沃德（Susan Forward）说："有毒的家庭系统就像高速公路上的连环追尾，其不良影响将代代相传。"

　　《原生家庭：如何修补自己的性格缺陷》中总结了七种有毒的家庭模式。

　　第一种模式：父母不断地贬低孩子。这种父母习惯当众贬低孩子，总是对孩子的表现不满意。当孩子获得荣誉时，这种类型的父母也会以"谦虚"为名，狠狠地打击孩子的自尊心，这样的小孩长大之后自卑懦弱，无法正确认识自身优秀的部分，自我认同感低，多半会养成讨好型人格。

第二种模式：父母对孩子疏于陪伴和关爱。很多父母因为自己工作忙，没有时间带孩子，只能把孩子丢给老人带，孩子长大后和父母不亲。孩子最需要的并非物质，而是父母的关心和陪伴。父母如果只满足孩子的物质需求，对孩子的感情需求不重视，会导致孩子情感断层，对家庭、亲情都很冷漠，这会导致孩子成年之后人际交往能力弱。

第三种模式：父母对孩子过度控制。孩子无论做什么，父母都不放心。小到刷牙洗脸，大到升学规划，家长都控制在手中。这种模式下长大的孩子，独立性较差，遇事犹豫不决，长大以后孩子很可能成为巨婴，或者以自我为中心，自私自利，任性妄为。

第四种模式：父母本身有严重的恶习。比如父母有酗酒、赌博、游戏成瘾等习惯。父母终日在家吵闹，家庭"战争"不断，孩子始终无法获得安全感，会产生自责、负罪感，长期承受很大的心理压力，长大后孩子就会在别处寻找安全感。家庭成员之间经常争吵会让孩子模仿这样的方式来解决问题。

第五种模式：**父母对孩子有身体层面的虐待。**这里指的就是父母动手打孩子。父母们知道自己不能打孩子，但挨打的孩子比比皆是。施暴者往往自己也成长于发生暴力的家庭，这样的虐待会代代相传，扭曲孩子的性格。孩子长期处于精神紧张状态，做事畏首畏尾，长大后会胆小，失去对新事物的探索欲望。

第六种模式：**父母对孩子有言语层面的虐待。**很多父母喜欢用难听的话去贬低孩子，父母总是以命令的语气让孩子做事情，不允许反驳，不允许孩子发表意见。比起打骂，语言更伤人，而且影响的时间更长。这样的孩子长大后会认为自己不配得到幸福，极度自卑，自我厌弃。

第七种模式：**父母对孩子进行羞辱教育。**羞辱型的家长认为这样的方式属于激将法，可以鼓励孩子。对孩子来说，这样的羞辱不是鞭策，而是打击和伤害。如果一个孩子总是听到父母说"你啥也不是，笨死了"

之类的话语，会走向自卑的深渊，长大以后很难有成就。

原生家庭对人的影响是最早、最大、最久的。一个人从出生到长大一直潜移默化地复制着父母的思想观念、性格特点、行为方式、说话语气。原生家庭出现问题就会导致孩子成长过程中产生异常行为，这些行为是孩子抵御原生家庭伤害的方式，可能是对伤害的认可，也可能是逃避，还可能是补偿。

第一种是逃避行为。逃避行为具体表现为：喜欢通过逃避来解决问题；遇到冲突会反应非常强烈，马上选择逃跑或退缩；没有勇气去面对问题；发现困难不会迎难而上，而是马上放弃；经常有回避、退缩的行为，甚至选择性倾听他人说的话。这样的孩子的原生家庭当中通常有很强势的父母，父母要求太多或者太高，孩子没有能力完成时就会选择逃避或者进入不了状态。父母经常驳斥孩子的观点，不听孩子的要求和愿望，孩子也会自动屏蔽父母的要求。

第二种是表演行为。表演行为具体表现为：喜欢过度表达自己和伪装自己，希望引起他人注意；容易受到外界环境变化的影响，情绪化严重。这样的孩子在原生家庭当中缺少关注和被认可，只有做到最好才能感受到父母的爱和得到安全感。孩子通过努力适应其他家庭成员来博得大人的喜爱。家里有二孩、三孩的父母要注意，在竞争环境下成长的孩子很容易出现表演行为。

第三种是自恋行为。自恋的人对自己缺少客观认识，他们爱的不是真实的自己。自恋也会表现为虚荣、自私，希望得到他人赞美的同时，却不愿意认同或夸奖他人，甚至喜欢通过压迫他人来表达自己的想法。这样的孩子在原生家庭中缺少价值认可，无论做什么都被打击，得不到父母的鼓励和表扬。自恋是为了逃避心理痛苦，掩饰内心的不自信的回避行为。自恋的孩子社交能力弱，甚至在亲密关系中也表现得紧张不安，不喜欢陌生的环境，不具备冒险精神。

第四种是依赖行为。依赖行为具体表现为：安全感缺失，害怕自己一个人独处；喜欢依赖别人，希望身边人给予自己更多的支持和帮助；不喜欢承担责任，希望自己永远是小孩。这种孩子的原生家庭中，父母控制欲非常强，剥夺了孩子做决定的机会。每次孩子做事情出现不好的结果时，他们都会被评判责骂，孩子没有勇气自己做决定，不敢承担后果。这样的孩子容忍度低，适应性也是很弱的。

第五种是强迫行为。强迫行为具体表现在：追求完美、重视细节、小心谨慎、遵守规则；处理问题不够灵活，不会变通，对待金钱比较吝啬；自我价值感不确定，觉得自己做的事情就是不够完美，觉得自己不够优秀，总想做得更好。这样的孩子的原生家庭中，父母追求完美或是控制欲很强，对孩子要求比较高。孩子为了得到父母的认可需要严格自律。这样的孩子也没有放松自己的方式方法，很难拥有真正的快乐。

第六种是攻击行为。攻击行为具体表现在：做事冲动极端，情绪情感极其不稳定，容易出现偏执行为，如伤害自己、过度消耗自己、打架斗殴等。攻击行为出自愤怒，情绪不可控制。而愤怒则是因为内心不够强大，处于弱势。这样的孩子喜欢臆想别人的行为是恶意的，认为发起进攻是为了保护自己。这样的孩子的原生家庭中，父母也冲动易怒，控制不了情绪，给孩子消极的榜样作用，在处理问题的时候，方法总是晚于情绪出现，事后往往又很后悔。

　　孩子成长过程中的行为表现和原生家庭有着千丝万缕的联系，家庭的影响伴随一生。中国有一些俗语，比如"上梁不正下梁歪""龙生龙，凤生凤"，这些都是说孩子出现的行为问题要从家庭的角度寻找原因。当父母苦口婆心地劝导孩子，大吼大叫地管教孩子，大费周章地教育孩子的时候，不如自己保持平和热情、乐观自信，构建和谐的家庭氛围，给予孩子温暖与爱，用正向的情绪引导孩子，改变自己的同时也改变孩子。

三、原生家庭的教育模式

　　每一个家庭在其文化氛围下都有各自的教育孩子的模式，可以说家庭教育模式是由父母们拥有的原生家庭文化氛围决定的。原生家庭对孩子的影响具有延续性，是潜移默化的，每个人的身上都有原生家庭深深的烙印。父母们在分析孩子的原生家庭之前，先回想自己的原生家庭给自己带来了哪些影响。这些影响有正反两个方面，一方面是传承，一方面是反叛，所以父母们在教育孩子的时候，先思考自己是否在延续上一代人的教育模式。只有了解了自己教育模式的根源，才能改变教育模式中出现问题的部分。家庭的教育模式，依照亲子的依赖关系可分为四种。

第一种是追求完美孩子的家庭。父母对孩子有过高的要求和期望，又给予孩子过多的关注和支持。这种家庭教育模式中，家长不只是追求孩子完美，对自己要求也几近完美，他们的能力和才干也是较高的。孩子在父母的高要求和帮助下，会有更多的成功的机会。

孩子通常不喜欢这类父母管教，尤其是事无巨细地设置各种限制，这些限制让孩子感到窒息。他们会觉得父母是在苛责自己，父母的关注是监视自己。

在追求完美孩子的家庭中长大的孩子，很容易焦虑，也容易喜欢强迫别人听他的，说话也是用强势的语言命令别人，做事情结果不好时，就容易自卑沮丧。将来他们组成家庭，也会苛责他们的伴侣，爱挑剔，爱指责，不太喜欢鼓励对方，容易导致婚姻关系破裂。

如果你出生在一个追求完美孩子的家庭里，你在教育孩子的过程中要刻意地调整，尽量避免自己被原生家庭的教育模式影响自己现在的家庭教育。在这种家庭中的孩子自我疗愈的秘诀是：第一，我是可以犯错的；第二，我已经足够好了；第三，我正在越来越好，不要太苛求自己。

第二种是过度控制孩子的家庭。喜欢过度控制孩子的家长，都是缺乏安全感的父母。控制也是一种防御机制，控制者通过控制别人来找到自己的存在感和价值。父母希望孩子按照自己的意愿做事情，不给孩子自由的空间。在这样的家庭中，父母的地位永远比孩子高，只有父母有权利说话，孩子不准有自己的想法，也不敢反抗。

知晓教育理论的父母，就会建立一个比较民主、温和的家庭教育模式。孩子到了青春期，即便有叛逆行为，也不会太激烈，这样孩子就能平稳度过青春期。这样的家庭教育模式下的孩子自我疗愈的秘诀是：第一，我有我的选择，我长大了可以自己做主；第二，我要多尝试，我对自己有信心；第三，我对自己的生命负责。

第三种是无底线溺爱孩子的家庭。和追求完美型的父母恰恰相反，溺爱型的父母不会给孩子过多的限制和约束，对孩子的需求尽可能满足。溺爱型的父母内心追求的是存在感和自我价值感，甚至是对亲密关系的渴望，他们希望通过满足孩子的需求，得到自我满足。

这样的家庭教育模式下的孩子，怕规则，怕约束，总是感到不公平。在与其他人的关系中，他们习惯性认为别人应该无条件满足自己的要求，但是他们又没有能力去满足别人的要求和限制。所以离开父母，这样的孩子很难与他人建立亲密的关系。旷课、休学、离家出走等行为也大概率发生在这样的孩子身上。

改变溺爱的最好方式，就是父母在亲密关系中找回失去的满足感。比如夫妻关系的满足感，自己与自己关系的满足感等，不要用亲子关系去过度弥补情感缺失。这样的家庭中的孩子，自我疗愈的秘诀是：第一，我要学会控制自己；第二，我要接纳自己的全部；第三，多赞美身边的人。

第四种是持续忽视孩子的家庭。持续忽视孩子的父母自以为给了孩子足够的自由，其实是漠不关心。在这种家庭教育模式中，父母在家庭教育中处于缺失状态。孩子感受不到关注和爱，也缺少沟通和交流。持续忽视孩子的父母大部分面临不可调和的问题，如疾病、夫妻关系、经济等方面的问题。

这种家庭教育模式下的孩子缺乏安全感和归属感，对亲情淡漠，对他人比较冷漠，社交能力比较匮乏。他们也会通过过度讨好他人来获取认同。

在父母那儿遭到忽视的孩子，到了自己做父母的时候往往也会复制原生家庭的教养模式，极有可能成为忽视孩子的父母。这样的家庭中的孩子自我疗愈的秘诀是：第一，我是被大家需要的；第二，我可以好好爱自己；第三，我是独立的个体。

"幸福的人用童年治愈一生，不幸的人用一生治愈童年。"原生家庭的影响，伴随我们的一生。可人不能一直沉浸在过往的伤痛中，不能不断地回味痛苦，要懂得自我疗愈。虽然原生家庭对我们的影响很大，但不是决定性的，人生的决定权在自己手中。

案例一

我刚生了第三胎，老大 14 岁，老二 3 岁。可能因为连续生了两个孩子，我的关注点一直在老二、老三身上，经常忽略老大的感受，也可能觉得老大已经能够自己照顾自己了，就想着他应该不太需要我的照料。老大现在上初二了，总是做出一些过头的行为，我想和他沟通，可他总是用恶狠狠的眼神看着我。我小的时候家中兄弟姐妹很多，我就是被忽视的那一个，所以我总是争强好胜，寻求存在感，甚至为了引起家人的关注我说话声音特别大，也经常做出错误的事情引起家人的关注。万万没想到，自己的孩子成了下一个我。

这很重要：

原生家庭的影响是潜移默化和深远持久的。父母都摆脱不了在教育孩子的过程中受自己的教育经历的影响。无论上一辈在我们身上留下的是美好的童年，积极主动的关爱，还是令我们痛苦不堪的打骂吼叫，我们都要积极地面对过去的回忆，分析自己在过去的教育经历中的感受，找到对自己有益的部分。

案例二

我今年13岁，上初一了，觉得生活特别没有意思，爸爸妈妈啥事儿也不让我做，担心我受伤，担心我做不好。周末，同学约我去他家里玩，妈妈每隔半小时打一个电话问我什么时候回家。爸爸每天早上送我上学，晚上接我回家，上兴趣班时他也会在教室后面旁听，在家写作业时他也会在我的屋子里边看书边陪我。同学们都笑着说我长了一条大尾巴。我真的要窒息了，我觉得自己是一个没用的人。

这很重要：

案例中的这个孩子是在过度控制孩子的家庭教养模式下成长起来的，父母属于包办型的父母。这样的家庭中的孩子做事情没有独立完成的能力，对自己没有自信，甚至怀疑自己是个没用的人。这样的孩子容易丧失自我，自我价值感也很低。建议父母不要过度担心和焦虑，不要以孩子为生活的中心，要把握好和孩子之间的边界，要尊重孩子的独立意识，也要培养自我边界感。

第三章

沮丧挫败的父母心理

当代父母的共识就是"再穷不能穷教育，再苦也不能苦孩子"。父母对孩子寄予厚望，哪怕倾其所有，也要"富养"孩子。可最终的结果往往并不理想，父母拼命托举的孩子并没有爬到金子塔尖上。父母的期待落空，作为父母，不得不接受在教育中的挫败和沮丧。

父母在养育孩子过程中的挫败感通通来自于自己想要的太多，能做的又太少。父母对孩子的教育一刻不松懈，常常以严格控制和高期待来激励孩子更好地成长。然而，我们应该深入思考，当父母将自己的期望强加于孩子时，这种期望是否超过孩子的能力和潜力？孩子的内心是真正想遵从父母的期待吗？

我们常常会看到这样的情况：父母越是辅导孩子学习，孩子越是学不会，父母越激动，孩子越无助。结果就是父母血压飙升，孩子崩溃大哭。经常出现这种情况，极易引发孩子产生自我放弃的心态。孩子选择自我放弃并不是出于对父母的反抗，而是他们为了缓解父母给予的压力而采取的自我保护方式。当父母对孩子的要求过高，孩子的反抗情绪达到极限时，潜意识告诉他们需要放松，他们就开始出现自我放弃的心理。

养育子女，父母要经历三种失望。

第一种失望就是父母的威严在减弱。随着孩子的成长，他们的独立意识开始觉醒。3 岁以后，孩子对父母的话不再言听计从，父母的权威在孩子心中的分量逐年削弱。到了 6 岁左右，父母的权威再次跌落，孩子的自我意识开始觉醒，有了叛逆反抗的行为，但由于各方面能力还不够，尚不能完全独立，所以还是会对父母的权威有所忌惮。青春期以后，父母的权威基本丧失，这个年龄段的孩子心理和生理都相对成熟，拒绝束缚，崇尚自由。这个时候他们懒得听父母讲大道理，嫌弃父母唠叨，更不喜欢父母过度干涉自己的生活，孩子正式开始走出父母的怀抱，走入复杂的社会。

父母的第二种失望是父母的梦想破灭。父母的梦想只属于父母，孩子有自己想要走的路。父母热衷于把自己未完成的梦想寄托在孩子身上，把孩子当成自己人生的延续，弥补自己人生的遗憾，却从未考虑孩子是否真的愿意成为第二个你。"望子成龙，望女成凤"是父母们共同的夙愿。为了达到父母的期待，很多孩子从小到大都在做自己不愿意做的事情。一些父母安排好孩子成长的道路，一旦孩子不按照父母安排的轨迹来走，父母就会觉得沮丧失望，梦想破灭。

第三种失望是要接受自己的孩子只是普通人。在比孩子这个环节上，家长们总有不服输的劲头，只要看到别的孩子上各种培训班，生怕自己家的孩子落下；听说别人家的孩子晚上学习到 10 点多，赶紧买一堆试卷，硬逼着孩子学到晚上 11 点。家长们忽视孩子的需求，只想满足自己的想法。看着孩子按照自己的规划一步一步进行的时候，父母可能会认为自家孩子天资非凡，未来必然能成大事，结果就是一次次的失望，当孩子经过多次努力，结果依旧不尽如人意时，我们不得不承认，自己家小孩不过只是一个普通人。他可能不够聪明，不够机灵，不够圆滑，可能父母还是应该有成千上万个爱他的理由。如果你是一个不愿意承认自己的孩子就是一个普通人的家长，那你可能一直活在痛苦地期待中无法自拔。

一、缺少方法还懒得改变

　　孩子的成长具有不可逆性。孩子刚出生的时候就有自己的先天气质，无论是哪种气质，你都要接受。孩子出生时不是一张白纸，有些是我们无法改变的，但是对于孩子的成长，后天家庭教育的影响是非常大的，父母教育的方法体现在他们每一天的生活当中，处理每一种问题的方式当中，面对生活的每一种态度当中。绝大多数父母在教育孩子的过程当中，只有遇到棘手的教育问题时才会去寻求帮助，教育孩子就像打仗，"兵来将挡，水来土掩。"父母们并不会因为自己缺少教育方法，就提前学习，提前准备，所以大部分家庭的教育都是"亡羊补牢"模式，或者说大部分家庭的教育方法都来自经验教训。由于缺少适当的教育方法，父母在教育孩子的过程中可能会遇到以下问题。

第一，不理解孩子的行为，把孩子当成大人来约束。父母需要提升自己的认知，了解孩子的成长阶段，知道什么时候出现哪些问题，而不是一味觉得孩子就应该和大人一样。

第二，因为忙于工作，把孩子丢给老人，没有做到每天与孩子沟通。父母需要提升时间管理的能力，规划好和孩子沟通的时间，了解孩子的成长状态和遇到的问题，及时帮助孩子解决困难，让孩子感受到父母的爱。

第三，认为孩子只有听话，才是好孩子，一旦顶嘴就出了问题。父母需要改变过于权威的家长心理。要知道孩子顶嘴代表孩子独立意识的形成，要想让孩子超越父母，就要接受孩子的认知可能高出父母的认知。

第四，满足孩子的一切物质要求，却不培养孩子的生存能力。父母需要改变想要弥补孩子的心理状态。找到自己觉得亏欠孩子的具体问题，针对性地解决问题，而不是用满足物质需求弥补隐藏的教育缺失。满足孩子的一切物质要求，却不培养孩子的生存能力不仅不能解决问题，还会给孩子建立错误的消费观，同时让孩子失去提升生存能力的机会。

第五，当着外人面，羞辱孩子。父母需要控制自己的情绪，父母的情绪波动大，不分场合地发脾气，这样的示范作用会让孩子以后也这样处理问题。孩子长大以后还会变得不尊重他人，包括父母。

第六，命令孩子做一件事，却不解释原因。父母需要学会亲子沟通的方法，这样才能使孩子向自己敞开心扉，才能真正了解孩子。鼓励孩子在做事情的过程中多思考，可以提升孩子解决问题的能力。

第七，让孩子认错，孩子却不知道自己错在哪儿。解决问题的前提是找到问题产生的根源。教育孩子不能只追求结果，还要在意过程的科学性。孩子不知道错在哪儿，就会反复道歉，反复犯错。

第八，包办孩子的一切，让孩子失去成长机会。父母需要学会放手，孩子是一个独立的个体，孩子需要跌跌撞撞才能变得更加强壮。包办一切的后果就是孩子不能撑起未来的生活。

第九，自己言行不一致，要求别人做到的事情自己做不到。父母需要规范自己的行为。父母是孩子的启蒙老师，模仿父母的行为是孩子早期的学习内容，父母的行为也为之后的家庭教育打下了基础。尤其是在想让孩子做出积极改变的事情上，父母更要严于律己，言行一致。

养育孩子不单单是让孩子吃饱穿暖，更需要给孩子足够的爱与陪伴，帮助孩子养成良好的行为习惯，提升孩子的学习能力。教育方式有正确与错误之分，有恰当与不恰当之分。错误的教育只会成为孩子成长道路上的拦路虎，而正确的教育方式则会让孩子在成长道路上一帆风顺。父母学习教育方法任重而道远。

常见的养育孩子的方法有三种。一种是事事都管，时时在管。这样的家长为孩子付出很多，但往往效果不明显。第二种是什么都不管，什么都不做，不闻不问，让孩子自由发展。最后一种是不全管，只管关键。这样的家庭，父母做得不多，孩子有自主能力，父母不过度参与孩子的成长，在关键时刻又不缺席。

做有方法的父母就要做好三件事情。

第一件事情是培养良好的亲子关系。尊重孩子的个性和需求是培养良好亲子关系的基础。每个孩子都有自己独特的人格和需求，父母在教育和引导孩子之前，要先学会尊重孩子的个性和需求。

首先，父母要接纳孩子的不完美。我们经常听到父母们夸奖别人家的孩子，却很少见到对自己的孩子十分满意的父母。我们总羡慕别人家的孩子优秀，很少反思自己和其他父母之间的差距。我们喜欢盯着孩子身上的缺点，却忘了发现孩子身上的闪光点。我们总喜欢用高标准要求孩子，却没评估孩子的能力和潜力。我们总让孩子超越身边的人，却从来看不到孩子的自我超越。家长们允许自己成为一个普通人，却不能接受孩子是一个普通人。世界上不存在十全十美的孩子，所以才更需要懂得接纳孩子不完美的父母。

其次，父母要倾听孩子的心声。孩子渐渐长大，父母对孩子的了解越来越少，孩子小的时候了解孩子靠观察，孩子长大以后了解孩子靠听别人说，比如孩子的老师、同学等，孩子对父母吐露心声的机会越来越少，父母想了解孩子越来越难。一开始，孩子愿意说，父母没时间或没心情听，后来，父母想听了，孩子却不愿意再说了。与孩子沟通的过程中，要充分考虑孩子的意见和想法，给予他们更多表达和倾听的机会。让孩子养成向父母表达自己想法并寻求帮助的习惯。

最后，父母要尊重孩子的选择。生活当中，我们每一个人都渴望被尊重，孩子也是一样。尊重孩子的选择，把孩子当成大人一样看待，父母不能做独裁者，把选择权还给孩子。我们要相信，每个孩子都有自己的剧本，不能把孩子当成一张白纸，在上面胡乱地写。家长要让孩子有自由选择的权利，让孩子自己制订学习计划，自主选择喜欢的兴趣爱好。父母可以留出空间，让孩子有时间和空间独立地做自己喜欢的事情。尤其是孩子明确地告诉父母他的选择的时候，父母应该尊重和支持孩子的选择，不要扼杀他们灵动的头脑、聪慧的心灵和善良的品质。

第二件事情是培养孩子的好习惯。首先，父母的言传身教是培养孩子养成良好习惯的基础。父母是孩子的第一任老师，孩子会通过观察和模仿父母向父母学习。父母在家里经常读书，经常讨论书中的观点，孩子也会热爱阅读和思考，养成爱阅读的习惯。如果父亲喜欢在家玩游戏，孩子大概率也会对手机游戏沉迷。习惯的养成是通过日常习得，加上大量重复，最后内化成稳定的行为模式。如果父母想让孩子养成好习惯，那么父母就要做好榜样，在日常生活中给孩子正面的引导。

　　其次，培养好习惯，先要明确小目标。很多家长在帮助孩子培养好习惯的时候，不顾及孩子的感受，导致孩子产生叛逆心理，不仅习惯没养成，还产生了强烈的亲子矛盾。家长在帮助孩子的过程中，要多和孩子沟通，尤其是关键问题要和孩子达成共识，明确目标。明确、具体的小目标更容易实现，孩子前期压力不大，更容易产生坚持下去的动力。孩子完成每一个小目标以后一定要及时表扬，强化孩子的正向行为，让孩子找到成就感，这样能让接下来的教育过程更加顺利，有助于孩子更快地养成良好的行为习惯。

　　最后，制订计划，按部就班地执行。确定好了目标，父母就要帮孩子做好配套的计划。这个计划要具体，可操作。让孩子按照计划，按部就班地完成，循序渐进地养成好习惯。这里切记两点：第一点就是关键前三天，重在一个月。过了前三天孩子的不适感会逐渐减轻，如果坚持一个月孩子的习惯就能基本养成。第二点就是家人共同努力。参与教育的家庭成员们要合力帮助孩子养成习惯，不要给孩子钻空子的机会。做好这几点，孩子养成好习惯并不难。

第三件事情是引导孩子学会学习。爱学习不如会学习。想让孩子学习轻松又高效，需要用到这四个方法。

一是重视孩子的学习动力。帮助孩子确立切实可行的目标是激发孩子学习动力的第一步。我们可以将长期的大目标分解为相对简单的小目标，随着一个个小目标地实现孩子会获得越来越多的成就感，变得越来越自信，自信的孩子在学习上就会产生内在动力。

二是培养孩子的学习能力。一个人的学习能力包括很多方面：注意力是学习能力中的基础能力，记忆能力是孩子学习能力中的核心能力，思维能力是孩子学习能力中的高级能力，心理能力是孩子学习能力中的关键能力。这些能力会极大地影响孩子思考和获取新知识的效率。孩子掌握高效的学习能力，就可能成为终身学习的强者。

三是教给孩子学习方法。学习是一个长流程、多环节的事情。学习的八大环节分别是：做计划、预习、听课、写作业、刷题、复习、考试、复盘。这八个环节环环相扣，缺一不可。利用四象限法可做出切实可行的学习计划。预习要做到初步了解，心中有数，记好预习笔记。上课使用五勤听课法，手、眼、脑、口、耳多感官协调，提升听课效率。先复习再写作业，写作业过程中可以使用番茄时钟法，提升写作业的效率，减少磨蹭拖拉。刷题不在多，而在精，杜绝题海战术，记好错题本。复习要有计划，用好课堂笔记和错题本。做好考前准备，调整考试心态，重视卷面整洁和书写工整。考试之后要复盘，拿到老师批阅的试卷后，要对试题进行逐一分析，找出自己学习上存在的问题。学习是孩子成长过程中的主要任务，学习是需要找到好的方法的，这样才能够帮助孩子学得更轻松。

四是养成好的学习习惯。父母们都希望孩子的学习具有主动性，但学习主动性仅仅指的是学习动力吗？当然还有好的学习习惯。孩子养成这五种基本的学习习惯，不仅让孩子拥有学习主动性，也是一个孩子学习成绩稳定的基本条件。

1. 按时学习的学习习惯

按时学习是指孩子要有时间观念，到什么时间做什么事情，不需要其他人催促和监督。孩子可以按照之前制订好的学习计划，主动、按时地完成自己的学习任务。

2. 高效率学习的学习习惯

高效率学习就是用尽量短的时间完成尽量多的学

习任务。养成快速学习的习惯，减少拖拉磨蹭，把自己的学习时间安排得更合理、更紧凑。

3. 高质量学习的学习习惯

学习是个技术活，是一项很精细的工作。孩子在学习过程中要严格要求自己，如书写工整、计算准确、卷面干净等。养成高质量学习的习惯，学习基础知识要扎实，认真对待学习过程，要对学习结果负责。

4. 专注学习的学习习惯

学习是否专注对孩子学习成绩的影响是巨大的，无论是上课听课还是回家写作业，专注力高的孩子通常会效率高，效果好。专注学习的习惯会让孩子全心全意地投入学习的过程中。

5. 学习规划的学习习惯

孩子要有准确的自我认知，清楚自己的脑力上限，并且会根据自己的精力和学习内容的难易程度，合理地安排自己的学习时间。

二、角色出现偏差却不自知

　　孩子出生，只是让我们拥有了父母的身份，并不会让我们自动获取优秀父母的技能。经常有人说："父母这个职业无须考证直接上岗，一旦上岗就是一辈子。"父母这个职业没有准入门槛，也没有考核机制，没有人因为做不好父母而受到惩罚，但对孩子的影响却是一生的。可话又说回来，通过考试、有了证书就一定能做好父母吗？当然未必。司机持证开车，照样会出事故。在养育孩子的过程中，父母持证上岗不是硬指标，父母自身的成长最为重要。孩子出生，父母就要做好终身学习的准备，否则不仅会跟不上孩子成长的速度，也会在教育孩子的过程中沮丧挫败，伤害孩子，也伤害自己。所以，父母的必修课，你我一堂都少不了。

在中国人的传统观念里，教育孩子是自己家的事情，别人无权插手，自己无须学习。很多人都是用自己的养育经验来养育孩子，做了一辈子父母都不知道这个角色的意义。无论时代怎么变化，父母角色的重要性都不会改变。对于孩子而言，父母永远是主导孩子成长的力量。但随着孩子的成长，父母也需要扮演不同的角色，如婴幼儿时期的玩伴、小学阶段的学伴、中学阶段的伙伴、成年阶段的同伴。只有父母扮演好不同阶段的角色，亲子沟通才更顺畅和谐，家庭教育才更加有效。

玩耍是孩子的天性，是幼儿探索周围世界的途径，也是幼儿积累学习经验和技能的渠道。在幼儿阶段，父母会给孩子买各种各样的玩具来陪伴孩子成长。其实，玩具本身不重要，孩子真正需要的是父母把自己变成一个好的玩伴，提供高质量的陪伴。父母和孩子玩玩具和做游戏，可以让孩子感受到爱和陪伴，并且能够培养孩子的好奇心和探索欲望，提升孩子的能力，增强孩子的认知，让孩子从玩的经历中有所收获，有所成长。

　　小学阶段，孩子开始进入学校学习，学习成为他的重要任务，父母的角色由玩伴变成了孩子的学伴。陪伴在孩子身边，多倾听孩子的心声，多与孩子沟通交流，帮助孩子健康成长。这个阶段，孩子在学习和生活中都会遇到困难，家长的陪伴可以帮助孩子解决学习中遇到的问题，养成好的习惯，也可以规范孩子的社会行为。

　　中学阶段，孩子进入青春期，父母想要走进孩子的内心世界，就要像朋友一样尊重孩子，理解孩子，做孩子的伙伴。这个阶段的孩子不再像儿童时期那样缠着父母玩，也不需要父母过多唠叨和关注，更不希望父母知道自己的秘密，他们需要自己做主。父母需要理解和体谅孩子，与孩子像朋友一样相处，避免出现紧张的亲子关系，帮助孩子顺利地度过青春期。

　　到了成年阶段，孩子已经形成了稳定的思维习惯和行为习惯。父母和孩子之间是平等的主体，更要充分的互相尊重。

　　父母需要走在孩子成长的前面，当孩子到了相应成长阶段，及时调整成相应的角色，并履行不同角色应有的责任，尊重不同角色应有的规律和规则。

独裁者、施暴者、命令者、说教者、暴躁者、溺爱者、人品不好的示范者，这些都是当代父母经常扮演的角色。父母扮演不好角色是因为缺乏角色认知，认为自己天生就会做父母。其实做父母是要学习的，尤其是做称职的、合格的父母，更要不断地自我提升。

三、提升父母的自我认知

父母的认知决定了孩子的起点。父母对教育的认知往往受限于自己的学识、经历和经验。作为父母，我们都希望孩子能够超越我们，站得比我们更高，看得比我们更远。但在孩子小的时候，我们却总用我们认为对的、好的方式去教育孩子，而不是尊重孩子的自身发展规律。我们经常听到家长说："不知道从什么时候开始，孩子学会顶嘴了。""孩子变得越来越不听话了。"很多时候孩子不听父母的意见，是因为他们认为父母说的话压根就没有参考性，内心深处是对父母认知的不认可。父母如果不提升自我认知，那些本该脱颖而出的孩子，也会变得普通。遇到同样的事情，每个人的反应是不同的。当孩子考试成绩下降，有的家长会帮孩子分析问题产生的原因，找到解决方法；有的家长则是拳打脚踢，让孩子自己反省。考试成绩下降是发生的事件，拳打脚踢是父母对这件事情的反应，产生这种反应的根本原因不是考试成绩下降，而是家长对这件事情的认知和评断。同样的事情发生在不同孩子身上，家长的反应不一样，其实就是因为不同家长的认知高度不同。每个人的认知和客观事实之间都是有偏差的，我们只有通过不断提升自己的认知，才能将偏差缩小，才能看清事物的本质，找到问题的解决方法。

作为父母，我们每天都在思考用什么样的方法提高孩子的认知，让孩子变得更加优秀。真正有效的教育是提升父母的认知。过去，条件所限，提升父母认知水平的途径很少。而现在是一个信息通达的时代，想提高自己的认知水平，人人都可以做到。父母提升认知水平可以从两方面入手：一方面是提升自己对于世界的认知，另一方面提升自己对孩子的认知。

父母只有了解自己的孩子，才能找到真正适合孩子的养育方法。每一位做父母的，都希望孩子站在自己的肩膀上，超越自己。不要让家长的见识，成为孩子发展的天花板。

案例

一名死刑犯写给母亲的信，让身为母亲的我醍醐灌顶，如梦方醒。他在信中回忆自己的从前。3岁被石头绊倒后，妈妈一边安慰，一边往石子上踹了几脚。4岁想看电视，不想吃饭，妈妈让他看电视的同时，喂他吃饭。6岁要买儿童节礼物，约定只买一件。可当他一开始哭闹，妈妈立刻乖乖付钱买了变形金刚和飞机模型。13岁踢球打碎了邻居家玻璃，妈妈赔了钱，并替他向邻居道歉。15岁想学钢琴，妈妈借钱买了一台，可一个月后就再也没碰过它。27岁想谈恋爱，女孩们却都说他没有责任感，像个小孩，妈妈埋怨着这些女孩，觉得她们才配不上自己的儿子。32岁欠下高额赌债，妈妈大病一场，却还是借钱帮他还清了所有债。35岁再欠巨额赌债，他走投无路抢劫杀人。妈妈听到判决后，哭着骂老天不公，苦了一辈子，却换来了这样的结果。信的末尾，他说："我知道这一切都太晚了，直到人生的最后一刻，我都从来没有长大过。"

这很重要：

父母为了帮助孩子得到想要的东西，可以不惜付出任何代价。家长给的越多，孩子会想得到更多的东西，甚至会利用各种手段、方式达到目的。孩子想要什么都能得到，而且毫不费力，他们理所当然地认为自己根本不需要去争取什么。父母应该教育孩子懂得尊重规则，帮助孩子建立规则意识，让他们学会尊重人与人的边界。父母要教会孩子主动承担责任，让孩子具备独立自主的意识。孩子长大后早晚要离开我们，我们要让孩子学会独立面对世界。

第四章

积累压抑的家庭关系

家庭里面的每一个成员都扮演着各自的角色，各司其职。一旦有人抢戏，罢工，就会造成角色错位，会使得其他家庭成员无所适从，家庭关系紧张压抑，最终导致家庭系统混乱。

一个核心家庭是由父亲、母亲、子女三个角色构成的倒三角形。这个三角形稳定，整个家庭就会幸福、和谐和美满；如果越位，就会对其他角色的成长造成阻碍；如果缺位，就要由其他角色来承担不必要的压力；如果错位，整个家庭系统都会混乱，夫妻关系不和谐、父母的角色错位、亲子关系失衡，家庭矛盾持续不断。

我曾经遇到一个妈妈来做家庭教育咨询，她说她的家庭就像个战场，大吵小吵不断。最近，他们夫妻连续吵了一个月时间，孩子出现了明显的抑郁症的前期症状，比如动不动就眉头紧锁、不理人、情绪不稳定、爱生气，一生气浑身发抖、失眠、做噩梦、莫名其妙地大哭。家庭氛围长期压抑紧张，孩子感受不到家庭的温暖，容易自卑、懦弱、情绪不稳定、缺乏安全感。在这样的成长环境下，孩子很难形成积极、乐观、健康的人格。

一、不和谐的夫妻关系

　　夫妻关系到底是什么样的关系？很多人结婚多年也没能弄明白自己和另一半的关系，根本不清楚自己在家庭中的角色，不知道如何和另一半相处，更不清楚在家庭中应尽的义务，导致家庭问题频发。从法律的角度来说，夫妻关系涉及夫妻双方在婚姻中的身份、地位、人格等多个方面的权利义务关系，这种关系一般以结婚登记为产生要件，即男女双方依法办理结婚登记后，才会产生夫妻关系。夫妻关系是一种神奇的关系，这种关系是在没有血缘关系的情况下，却不输血亲的亲密结合体。和谐的夫妻关系的标准是什么？

第一，有共同的目标与规划。陈道明曾说："夫妻结缘的最大意义不是吃饭穿衣、生儿育女，而是彼此滋养，彼此成就，提升生命的档次。"夫妻双方应该明确共同的目标和规划，无论是经济上的目标、事业上的目标还是家庭生活上的目标都需要共同规划，相互协作，共同实现。在家庭中，夫妻双方要有相同的价值取向和相近的兴趣爱好，还要具有共同成长的意识。在夫妻关系中，明确家庭责任是非常重要的。夫妻双方应该分担家庭支出、育儿、家务等责任，改善家庭生活条件，确保家庭稳定和谐。

第二，充分的沟通与理解。沟通是夫妻间有效交流的基础。好的沟通需要彼此理解和倾听。夫妻沟通过程中，要真诚、积极、清晰地表达彼此的需求和感受，也要倾听对方的想法和需求，理解对方的立场。当夫妻双方有意见分歧时，学会求同存异是非常重要的。夫妻应该意识到每个人都有自己独特的观点、表达方式、兴趣爱好等，要尊重对方的个体差异。倾听是夫妻沟通互动的关键。夫妻之间要互相倾听，关注对方在生活和工作中的情况和需求，了解对方的情绪和感受。在倾听时，也要提醒自己不要给出负面的评价或指责，耐心倾听，理解，并尽力给予支持。

第三，相互尊重与信任。夫妻之间应该相互尊重对方的隐私和个人选择，尊重个体差异。夫妻之间的时间和空间也要合理地分配，要给彼此一些私人时间和空间，这样不仅能帮助双方保持独立性，还能增强彼此的尊重和信任。夫妻应该互相支持对方的梦想和目标，在遇到困难时鼓励和帮助对方。夫妻双方要接纳对方的家庭与亲人，这样可以让夫妻之间更加贴近，更有利于维持长久的婚姻关系。

第四，互相支持和鼓励。夫妻之间应该互相支持，互相欣赏、关注彼此追求的目标，保持合作精神，共同经营婚姻和家庭。夫妻之间的支持和鼓励不仅表现在日常生活和工作中，也包括在实现个人目标和愿望上的支持，支持对方的成长，并在对方遇到困难时，提供及时的支持，在艰难的环境下紧紧地携手前行。无论事情大小，只要对方做得好，就一定要给予适当的鼓励。这样做会让对方觉得你真的很在乎他，也有助于让对方做得更好。

第五，互相体贴和关爱。夫妻双方要及时表达爱意，增进夫妻情谊。夫妻可以定期约会，互相送上小礼物或小惊喜，保持热情和浪漫是建立幸福的夫妻关系的重要组成部分。享受与另一半的独处时间，可以让夫妻间更好地理解彼此的需求和思想。好的夫妻关系，总结起来就是：遇到了请好好珍惜。

家庭中的每个成员都应该摆正自己的位置。现在的家庭当中，妈妈是家庭的主导者，爸爸被边缘化的家庭关系模式是比较常见的。妈妈更强势，妈妈更负责，妈妈包办一切，家庭事务都由妈妈做决定，这样的家庭中，爸爸认为家庭问题都可以由妈妈解决，爸爸分辨不出来哪些责任应该由自己承担，也失去了主动性。长此以往，很多爸爸就会把家庭的决策权都交给妈妈一个人，爸爸就被家庭边缘化了。这种模式下妈妈会觉得自己很辛苦，会抱怨，觉得爸爸不负责任。而爸爸会觉得这样的家庭氛围很压抑，想找寻压力的纾解方式，也可能会出现出轨的情况。而孩子在这样的家庭关系当中会对家庭关系和角色认知产生扭曲，孩子也会压抑、焦虑，甚至抑郁。

还有另一种常见的夫妻关系：爸爸控制欲比较强，比较严厉，家庭事务大多数由爸爸做决定；妈妈不受尊重，遇到事情只会退让或逃避，不敢做决定，温和且懦弱。这样的家庭模式下，爸爸包办一切，甚至有点固执；妈妈认为自己只能在家务上付出，就像一个保姆，没有话语权，在家庭关系中处于被动的状态，遇到事情会选择逃避；孩子因缺少家庭的温暖，很难在家庭关系中获得安全感。

　　家庭关系中的夫妻关系，对家庭关系起到决定性作用。夫妻双方只有明确自己的家庭位置，增强自己的家庭角色感，才能让夫妻关系更加和谐融洽。和谐融洽的家庭关系是孩子成长最好的保障。

　　1. 夫妻关系应该怎样维护？

　　第一，不要因为任何原因，忽略夫妻关系。经常有父母说，有了孩子以后，夫妻一方或者双方把所有的关注点都放在了孩子身上，忽略了另一半，夫妻关系变得冷淡。千万别把夫妻关系破裂的罪责推到孩子身上。孩子是使家庭关系更紧密的纽带。夫妻关系产生问题的原因是夫妻处理家庭关系的能力仅限于夫妻两个人的关系，当家庭中出现更多的家庭关系就力不从心，所以父母要学习如何去协调更多的家庭关系。

第二，明确自己在家庭关系当中的位置。父母在家庭中要分工明确，互相配合，相互扶持，从而营造出和谐的家庭氛围。两个人要一起承担家庭责任，不能相互推诿。夫妻只有明确彼此在家庭中的角色和责任，才能够体谅对方为家庭付出的辛劳。夫妻在家庭关系中不能失去自我，不能失去话语权和独立性，这样才能共同创造美好的家庭生活。

第三，夫妻要共同成长，尤其是妻子。妈妈是一个家庭情绪的核心，如果妈妈的认知不够，整个家庭的氛围会很紧张。大部分家庭都是妈妈承担了抚养、陪伴和教育孩子的责任，要想培养出优秀的孩子，妈妈一定要成为孩子成长路上的引路人，妈妈要终身学习，不断成长，保持积极饱满的情绪状态。夫妻要接纳对方的缺点，把对方看作一面镜子，在对方的行为中找到自己的问题，父母学习和成长是终身的，小时候从父母身上学习，到朋友伙伴中学习和寻找启示，再到成为父母教育自己的孩子，每个阶段都能从不同的人身上得到不同的经验和启示。夫妻双方一起内观，一起修正，不要总想着对方改变，要先从改变自己开始。

第四，如果老人带孩子，要分清主次。 家里有老人带孩子时一定要分清楚教育孩子的主次，老人在日常生活中可以照料孩子的饮食起居，但在教育方面还是需要父母亲力亲为。父母要合理安排时间，高质量陪伴孩子。我们总说隔代亲，但所谓的隔代亲只不过是父母爱子女，才顺便爱子女的孩子。子女要感恩老人，尊重老人的养育方式，认可老人的付出。小事多让老人做主。

第五，夫妻之间出现矛盾是不可避免的，要认清冲突的本质，找到解决方法。 人非圣贤，孰能无过？没有冲突的人际关系虽然是理想的，但现实生活中基本上不存在，所以你不要奢望夫妻不吵架。最好的朋友或者最好的伴侣都会有意见分歧的时候，有的时候争论是有必要的，吵架不能避免，所以我们就要了解夫妻吵架时如何才能将对孩子的伤害降到最低。首先，我们要明确吵架的意义。吵架是一种激烈的沟通方式。吵架是为了沟通，而不是为了互相伤害。要在争吵过程中看到自己的问题，吵架是彼此自省的过程。

2. 我们应该如何有质量地吵架呢？

第一，**吵架可以发泄情绪，但是不要失控。**吵架的时候我们如何表达情绪？答案是用正面的字眼来表达我们的情绪。语言要坚定自信，但不要有侵略性。比如，"你这样真的让我很生气。"这就是语言坚定自信，用正面的字眼表达。如果你说："我怎么嫁了你这么一个没出息的男人？""我怎么娶了你这么一个不可理喻的女人？"这就是失控。

第二，**就事论事，不贴永久性标签。**"你这个人一辈子都不会有出息。""你这个人又懒惰又自私。"这些都是永久性的评价。这种评价方式是错误的。当批评另一半的时候，要用针对特定行为或者场景的评价言语，而不是总结性的。比如，"你不该因为这件事情乱发脾气。"再举个例子，"你每次迟到，我都很生气。"

第三，**不要让孩子陷入恐惧。**当父母吵架的时候，可能有摔东西、用力地关门等暴力性的动作。这些都会给孩子留下心理阴影，所以一定要改掉这样的坏习惯，不要让暴力的种子悄悄地种在孩子的心里。

二、父亲的角色错位

　　母亲与孩子的关系是依恋关系，母亲是一个能够给予孩子温暖和帮助的角色。父亲和孩子的关系是依靠关系，父亲是一个能给予孩子力量和规则的角色。如果父亲是过度控制型人格，母亲是消极逃避型人格，孩子就会情绪不稳定，缺乏安全感。如果父亲是边缘型人格，不参与教育孩子的过程，孩子就会出现角色混乱，变得缺乏创造力和独立性，很难建立规则意识。父亲对于男孩是榜样作用，融洽的父子关系会让男孩有担当，有责任感，勇敢果断。父亲是女孩的第一个异性榜样，影响着女孩的择偶观，融洽的父女关系会让女孩阳光自信、乐观积极、热爱生活。在解决女儿青春期遇到的异性问题时，父亲能给予更多的指导建议。

在"男主外，女主内"的中国传统思想影响下，大部分家庭教育孩子以母亲为主导，父亲教育角色缺位。甚至当孩子出现问题的时候，父亲会第一时间认为是母亲教育得不够好，把教育孩子的责任全部推给母亲。教育孩子不是母亲一个人的事情，父亲也要承担起教育孩子的责任。很多父亲说："我工作很辛苦了，哪有时间陪孩子？"不是让父亲把所有的时间都用在教育孩子上，而是每天安排一定的时间和孩子沟通，高质量地陪伴孩子。父亲在教育中的角色是不可替代的，父亲做事情更坚决果断，可以帮助孩子培养稳定的情绪。父亲是孩子童年最好的玩伴，他可以带孩子接触运动量大、更有挑战性的游戏，培养孩子的创造性和竞技意识，提升运动能力。父亲可以给孩子更多的安全感。比起母亲，父亲更有力量，更加勇敢，能够激发孩子更多的能量。

父亲在孩子健康成长过程中的重要性表现在哪些方面呢？美国卫生与公众服务部组织编写的《父亲在

儿童健康发展过程中的重要性》中就提出了父亲的七大作用：第一，和孩子的母亲培养积极的关系；第二，花时间陪孩子；第三，养育孩子；第四，恰当地规训孩子；第五，引导孩子走向家庭以外的世界；第六，保护和供养；第七，成为孩子的模范。

尽管越来越多的家庭意识到了父亲陪伴的重要性，可父亲在陪伴方面的付出依旧是微薄的。家庭的和谐需要成员之间互相理解。在外奔波的父亲努力工作，想要给家庭提供更优越的物质条件，却忽视了父亲的其他角色的功能，导致在满足妻子的情感需求和用行动来诠释父亲的责任方面有缺失。我们不要指责他们，要帮助父亲们找到自己在家庭关系中的定位，承担起家庭责任。

在帮助父亲们之前，我们要知道有的父亲想做却被嫌弃，有的父亲压根觉得家里的事情和自己无关。我们要给予不同类型的父亲不同的调整方案。

第一种类型，想做但被嫌弃的。这种类型的父亲，只要有时间就愿意做一些事情来增强自己的角色感，只是做不好，经常帮倒忙，干活儿就变成了添乱。很多做家务能力强的母亲会嫌弃父亲。时间久了，父亲就不参与处理家庭事务了。这个时候，母亲又觉得心里委屈，觉得父亲不负责任，家庭矛盾就产生了。如果家里有保姆或者夫妻双方的父母，就非常不利于父亲参与进来。特别是奶奶在身边的时候，父亲更是孩子心态，更难主动找事情做。母亲要主动创造只有父母和孩子在一起的机会，让父亲参与到家庭事务和孩子的教育过程中；对孩子说话要用明确的语言，对丈夫说话也要用明确的语言；丈夫做不好的事情就告诉他具体怎么做才能做好，鼓励他多尝试。

第二种类型，心里有家，但缺乏行动。大部分父亲都是有家庭责任感的，只是他们不知道怎样把家庭责任感落实到具体的行动当中。母亲需要帮助父亲把他内心的情感转化成言语和行动，让其他家庭成员感受得到。这种类型的父亲是很难识别母亲的情绪的，所以母亲要及时提出自己的要求和想法。具体实施过程分为三步。第一步，明确地提出请求，注意要不带任何情绪地提出要求，不要拿别人的丈夫来比较。第二步，教给他正确的方法，一次做不到，就再给他创造机会，告诉他该怎么去做。第三步，只要有进步，就要及时给予鼓励。千万别因为丈夫做得不好就打消他教育孩子的积极性。

第三种类型，认为就应该女人带孩子。这种类型的父亲最难改变，但这种类型的父亲并不多。这种类型的父亲缺少感受幸福的能力，需要母亲们多用情感感化，给予他们更多的耐心。第一步，认可父亲，鼓励父亲，让父亲感受到自己被重视和被尊重，明确责任。第二步，让他参与进来。从让他享受到当父亲的乐趣又不需要太耗精力的事情做起，让他逐步体验到和孩子相处的幸福。多鼓励孩子用语言和行动表达对父亲的爱。孩子对父亲的感情是父亲参与教育孩子最大的动力。第三步，创造更多的机会，让父亲感受到家庭的温暖和爱，让父亲逐渐承担起责任。

父母应该明确，在孩子婴幼儿时期，应以母亲的照顾和养育为主。但从孩子上学开始，父亲的养育和教导占比就应当逐渐增大。到中学时期，父亲对孩子教育投入的时间和精力应该超过母亲。美国有一项研究表明，在美国，70% 以上的罪犯都来自缺少父亲教育的家庭。父亲在孩子教育上的缺失，容易导致两种极端的结果：一是孩子变得胆小懦弱；二是孩子变得脾气暴躁，攻击性强。父亲在孩子教育中的缺位，对孩子的长远发展不利，同时，也加重了母亲的负担。所以，良好的家庭教育应当是：从妻子怀孕时，丈夫就应当有身为父亲的意识；平常生活中，丈夫应多给予妻子关爱和支持，主动学习育儿知识，在孩子出生后承担一些力所能及的事务，而不是在家当"甩手掌柜"。

三、容易失控的亲子关系

"缺位的父亲、焦虑的母亲、失控的孩子"这样的家庭关系会使得家庭处于一种病态的平衡。男人常用工作忙来逃避问题，女人则是用照顾孩子来掩盖问题。一旦孩子失控，这个家庭就会彻底混乱。

孩子能否适应幼儿园生活，孩子上小学以后的同学关系和师生关系；孩子在社会上的同事关系和朋友关系；孩子结婚以后和另一半的关系；有了孩子以后和其他家庭成员的关系等，都取决于孩子与父母的关系。健康的亲子关系可以战胜一切困难，在孩子成长过程中给予他强大的力量。

很多父母在养育孩子时付出了很多的心血，但亲子关系常常是疏离的状态。如果父母是一门职业，岗前培训第一节课就应该教父母如何建立良好的亲子关系。

当想起父母的时候，你会有什么样的感觉？安全、信赖、温暖，还是害怕、痛苦、绝望？

当想起孩子的时候，你会有什么样的感觉？厌恶、羞耻、失望，还是喜爱、骄傲、充满期待？

父母和孩子究竟是一种什么样的关系？

我们一定要明确，我们对孩子不仅有"养"的责任，还有"育"的义务。我们可以借用纪伯伦的一首诗：

你的孩子，其实不是你的孩子，

他们是生命对于自身渴望而诞生的孩子。

他们通过你来到这世界，

却非因你而来，

他们在你身边，却并不属于你。

你可以给予他们的是你的爱，却不是你的想法，因为他们自己有自己的思想。

你可以庇护的是他们的身体，却不是他们的灵魂，因为他们的灵魂属于明天，属于你做梦也无法达到的明天。

··········

每一个孩子都是大自然中的一个生命，有独立自主的发展趋向。每一个孩子都有自己的人生使命和成长规律。孩子最终都要离开父母，父母要明确自己在孩子的成长中应该注重什么，尤其要找到亲子关系的边界，很多父母以为只要有付出，就会有回报，其实这就是一种控制关系，会造成亲子关系的疏离。只有掌握恰当的边界才能维持健康的亲子关系。

常见的家长和孩子的关系可以分为以下几种：

第一种，亲子心理依恋关系。 孩子小时候缺少生活自理能力，父母是孩子的依靠。孩子的能力变强了以后，父母会从照顾孩子的人变成守护孩子的人，尤其是青春期以后，父母更要有意识地转变自己的角色。需要父母时候，我们家长要第一时间出现；不需要时，我们要及时远离。而大部分父母很难适应这种变化，总是想通过干预保留自己在孩子心中的位置。过度地关注就是隐性的控制行为，会让孩子感到压抑，孩子的发展空间会受到限制，亲子关系就会越来越紧张。其实，家长们可以放松心态，随着孩子的成长，孩子对父母的依赖会逐渐减弱，但是孩子与父母的情感联结是不会被切断的，父母应该和孩子保持适当的距离，从身体上的照顾逐渐变成心理的滋养，要主动地适应这样的变化。

第二种，生活技能指导关系。养育孩子的第一步就是教给孩子生活技能，让孩子自己吃饭、自己走路、自己穿衣服、自己骑车子等。在这个过程当中如果父母不懂得放手，甚至喂饭到五六岁，走路时时刻刻拉着，上了小学还要帮着穿衣服，永远不敢让孩子骑自行车，长期不培养孩子的生活技能，亲子关系就会爆发冲突。要么是孩子无声地反抗，变得自私懒惰，要么是到了青春期出现叛逆行为。

第三种，知心朋友关系。知心朋友在于有效地沟通，并不是亲密无间，良好而稳定的关系都是要有距离感的。所谓距离产生美，亲子关系也是一样。父母在了解孩子的需求的同时，也要给孩子足够的成长空间。家长们不要包办孩子的生活起居，也不要试图改变孩子的学习状况，让孩子在自己的能力范围内自己去改变和提升，你可以做好辅助工作。家长们更不要对孩子采取精神控制，要求孩子一味地服从父母。父母要懂得沟通的方式，像朋友一样和孩子平等沟通，用孩子能听懂的语言沟通；不要高高在上，不要批评、指责、限制、吼叫孩子，父母和孩子的关系不是领导与被领导关系，也不是服从关系。

第四种，人生导师关系。孩子在成长过程中会逐步形成自己的价值体系。家长们要多关注孩子的心理变化，及时帮助孩子调整，尤其要帮助孩子排解负面的情绪。排解负面情绪的关键就是接纳孩子的负面情绪，允许孩子有负面情绪，允许孩子用自己的方式发泄情绪，愿意倾听孩子的心声。如果孩子的行为有问题，家长想沟通，也要等孩子的情绪平稳之后再进行，不然就会成为无效的沟通。父母也要找到发泄情绪的方法，不建议父母用行为发泄情绪，应该多用语言表达情绪。

第五种，激发潜能的关系。每个孩子都是独一无二的，每个孩子都有自己的潜能待开发。作为孩子的第一任老师，父母应该发掘孩子的内在潜能，把孩子的优点稳定和扩大。真正的教育是重视每个个体的优势发展，而不是流水线式教育。家长要懂得因材施教，多观察孩子自身的优势，不要总是希望自己的孩子和别人的孩子一样，要帮孩子找到适合自己发展的成长之路。

父母想要建立良好的亲子关系需要长时间地投入和努力。父母需要了解孩子，持续关注孩子的需求，并且与他们建立更加紧密的联系。在遇到亲子矛盾的时候，尽量避免使用惩罚或威胁来解决问题，而应采用协商和沟通的方式来解决问题。当父母与孩子保持良好的亲子关系时，孩子会变得更加自信、独立和有责任感。

案例一

我的爸爸脾气差得像一个精神病人，尤其是近一年变得更严重，醉酒之后他耍酒疯，大吼大叫，大吵大闹，但也只是窝里横。小时候爸爸很少在家陪我和妈妈，那时候就感觉他有点固执，但也还算和颜悦色。去年他的工作有了调动，工作不是很忙了，他就经常在家里待着，今年大年三十晚上，因为一点小事和妈妈吵架，一肚子歪理，真是让我受不了。

这很重要：

案例中的父亲性格比较固执，脾气暴躁，父亲和母亲吵架以发泄情绪为主，而不是为了解决问题。父母要懂得反映自己情绪问题产生的根本原因，这样才能更好地解决问题。引起状态不好的因素其实有很多，比如说身体疲惫，睡眠不足，不佳的身体状态。再比如说，生活的压力大，责任重，生活中免不了有诸多不如意，由于小事情产生大的情绪问题，情绪与认知相辅相成。如果一个人经历少，认知较浅，对于外界的刺激就会非常敏感，很容易产生不良情绪。如果一个人经历较多，认知较深，对外界的刺激反应会非常平静，就不容易产生负面情绪，表现出来就是心态平和，泰然处之。

案例二

我母亲特别喜欢用刻薄的语言讽刺我。我唯一能做的就是远离她，因为我实在没办法改变她。和她一起生活这十几年使我早就认识清楚她。我知道她很爱我，但那又怎样呢？跟她一起生活我太压抑了。

这很重要：

案例中的母亲经常对孩子使用语言暴力，对孩子造成了不可逆的伤害。在教育孩子的过程中遇到问题，父母们可能有情绪，但要学会控制情绪。父母在批评孩子的时候可以表达情绪，但是要用坚定自信的方式正面回应，不要有侵略性。

第五章

潜藏危机的早期教育

当代父母们对"早教"一词并不陌生。早教，即早期教育。简单来说，就是自宝宝出生后至 6 岁进行的早期培养。那么，问题来了，你知道早教有哪些内容吗？有家长会问："早教是不是提前教宝宝学习数数、认字、唱歌、背唐诗？"还有的家长会问，进行了早教，孩子是不是就可以培养成为神童？

早期教育是由成人对学龄前儿童实施的教育。早期教育是人生的启蒙教育，具有奠基的意义。0～6岁是儿童大脑发育速度最快的阶段。人从出生开始，神经系统就不断发展。根据我国心理学工作者关于儿童脑发展年龄特征的研究发现，4～20岁，大脑的发展有两个明显加速的时期，也可以说是两个飞跃时期：一个在5～6岁，人类大脑的结构已经相当成熟，但还未达到成人水平；一个在13～14岁，脑的结构已经基本成熟。如果这个阶段，父母可以针对儿童的年龄发展阶段特点给予正确的引导，就能提升儿童的智力水平，还可以为孩子的行为习惯和个性品质的形成奠定基础。

早期教育在孩子出生后即可进行，这个时期的孩子具有高的感知觉、学习和模仿能力。要注意的是，在不同的年龄阶段，教育的侧重点有所不同，要避免进入早期教育的误区当中。

误区一，早期教育仅是对儿童的教育。早期教育的对象不仅仅是孩子，还有父母。父母教育孩子的同时，孩子的行为也在影响着父母的心理和行为。父母在教育孩子过程中，要不断提升教育水平，与孩子共同成长。

误区二，早期教育等同于学前教育。大部分家长误认为早期教育就是提前学习小学的学习内容。提前学习小学的学习内容，会导致孩子上小学以后出现厌学情绪。早期教育要尊重孩子的成长规律，以全面成长为教育目的，开发智力是它的一项功能，但开发智力不是它的终极目的。

误区三，早期教育是超前教育。很多父母不了解自己的孩子，也不懂孩子成长的规律和心理特点，父母不能够判断什么样的早教适合自己家的孩子，再加上"望子成龙，望女成凤"的焦虑心态，很容易让自己迷失在"孩子早走路，早说话，早学习"的早教启蒙中。一些早教机构也把使孩子早早具备各种能力作为课堂的教学目标，用成人的思维惯性框住了孩子，让孩子失去了自我的感知能力，甚至会导致孩子长大后会习惯性做别人分配的工作，失去了对世界的探索欲和创造力。当早教的学习不符合孩子的身心发展规律时，无疑是对孩子的拔苗助长。

误区四，早期教育的方式死板。过早进行灌输的教育方式是不符合儿童发展规律的。灌输式的学习，破坏了孩子对环境的兴趣和好奇，对话和互动才是早期教育的正确方式。维持孩子的兴趣和好奇心是发展孩子想象力和创造力的决定性因素。

一、 培养智能比智商更重要

很多父母把智商、分数、学历作为孩子的培养目标。以这些作为培养目标，孩子的早期教育很容易出现超前学习的情况。我们应该把更多的精力放在孩子的智力能力的培养上。根据美国心理学教授霍华德·加德纳（Howard Gardner）提出的多元智能理论，孩子在早期教育中必须要提升八大智能。

语言智能。语言智能是指对语言的倾听能力、语言的表达能力、语言的描述能力、语言的理解能力等。这种智能在作家、演说家、教师、领袖等人身上表现得很明显。在培养语言智能的过程中，要抓住孩子语言发展的关键期，重视孩子的识字和阅读，鼓励孩子表达和与人交往。

数理智能。数理智能是指运算的能力和推理的能力，属于理性的逻辑思维能力。这种智能在数学、化学、物理等科学领域应用广泛。数理智能高的人适合从事律师、工程师、物理研究等职业。数理智能的启蒙需要为幼儿引入数学的基础概念并帮助他们认识数字和含义。通过游戏互动帮他们学习物体的形状、颜色、大小，并理解它们在空间中的相对位置。通过游戏的形式激发孩子的逻辑推理能力，培养孩子解决问题的能力。

音乐智能。音乐智能是指感受音乐和表达音乐的能力。这种智能在作曲家、指挥家、歌唱家身上表现得比较突出。音乐智能高的人对作曲、演奏和歌唱等很擅长。孩子的音乐智能可以从三方面来开发。一是多听。可以营造良好的家庭音乐氛围，也可以带孩子多听音乐会。二是多唱。鼓励孩子开口唱歌，通过开口培养音乐能力。三是多玩。培养孩子的音乐兴趣，可以让孩子多接触乐器，还可以多带孩子看一些音乐类的综艺节目。

空间智能。空间智能强的人对线条感知、形状感知、空间结构感知都很敏感。空间想象能力强的人，无论是二维空间还是三维空间都很容易在大脑中形成画面。设计师、建筑师、几何领域的专家需要这种智能。空间智能的培养应该生活化，父母在日常生活中要注意引导。例如，走在路上时，可以教孩子认路，辨别方向，可让孩子观察上、下、左、右、前、后各个方向，辨认东南西北。还可以教孩子利用周围景观来认路。让孩子学会在地图上找到自己当下所处的位置和目的地位置，并找到前进的正确方向。

运动智能。运动智能比较强的人能够很好地控制自己的身体，平衡性、协调性比较好，能通过自己的身体来表达情绪和情感。运动智能在运动员、舞蹈家和技术人员身上表现得更为明显。儿童要培养的运动智能包括两个方面：一个是大运动能力，一个是精细动作能力。对于学龄前儿童来说，那种需要调动腿部、手臂肌肉参与的体育活动对他们的身体健康和大脑发育都十分重要。父母要鼓励孩子进行户外运动，养成运动习惯，培养孩子自己的运动爱好。

内省智能。这种智能强大的孩子喜欢自我反省，喜欢思考人生，对人的思想发展也有敏锐的洞察能力。内省智能在思想家、哲学家、心理学家身上表现得比较明显。培养孩子内省的智能需要给孩子提供一个独立、安全的自省空间，父母也要多和孩子交流想法。

社交智能。社交智能就是社会交往的能力。拥有这种智能的人善于与人交流，朋友比较多，愿意表达自己的想法，同时愿意倾听他人的想法。社交智能在销售人员、公关人员、记者等身上表现得比较明显。我们要培养孩子的同理心、自信心，教会孩子社交的技巧并鼓励孩子与人交往。

认知智能。认知智能强的人具有较强的认识世界的能力，善于观察周围的事物，善于总结事物的发生发展规律，喜欢学习新的知识，不断地探索新的领域，完善自己的认知。探险家、发明家、企业家等具备较高的认知智能。家长可以带孩子收集大自然中的物品，玩土或沙子，养宠物，去动物园、水族馆或是公园等，也可以去野营。

孩子在学校学习的过程中，语言智能和数理智能应用得比较广泛，比如语文科目、历史科目就需要应用语言智能，在学习数学科目、物理科目的时候需要应用数理智能。这两种智能直接关乎孩子的考试成绩，家长们往往特别在意这两种智能，却忽视了孩子其他方面的智能的培养。

多元智能中的八种智能彼此独立，一种智能很好，另一种却可能很差，很少有孩子能样样突出。家长要观察孩子身上哪些智能比较强，哪些比较弱，帮助孩子提升弱项智能，发扬孩子的强项智能。通过评估找出孩子的强项智能，家长们可以找出适合孩子的最佳学习方式。比如说，语言智能强的人，可以使用背诵的方式来记忆。但对于运动智能强而语言智能弱的人，可能无法静下来背书和学习。父母要为他们提供一条能实现自我价值的有效途径，从而帮助他们去实现富有个性的发展。

二、安全感培养更重要

孩子的身体和心理都需要安全感，父母在孩子成长过程当中常常更重视身体健康，忽视了孩子心理健康。身体的疾病和伤痛影响孩子的身体状态，容易被发现，而心理上的创伤和疾病会导致孩子的人格发展受限，更容易毁了孩子的一生。

孩子在学习过程中表现出来的厌学、不良习惯、迷恋游戏、爱发脾气、早恋、不愿意和父母沟通等问题，都是孩子的心理不健康、人格发展有障碍的表现。

如何判断孩子是否缺乏安全感？我们一起来回忆一下，孩子在小时候是否有以下几种行为。

第一，1 岁以上的孩子频繁地咬手指。家长们要知道 1 岁以上的孩子咬手指是出于一种心理安慰。如果孩子频繁地咬手指，就代表孩子有紧张焦虑的情绪。家长要观察孩子在什么情况下会出现这样的行为，帮助孩子转移注意力，放松心情。这样的行为归根结底就是父母给予孩子的安全感不足。

第二，分离焦虑。孩子黏人，爱哭闹，总觉得自己的身体不舒服。孩子的情绪问题会转化成身体上的反应。孩子爱哭闹、乱发脾气、黏人、脆弱敏感都是情绪不稳定的表现。这些行为是孩子在寻求父母的关注和爱。家长们切记：这时候批评孩子或者讲大道理，会让孩子越来越情绪化。这个时候需要父母情绪稳定，耐心等待孩子发泄完情绪，情绪平复后，引导孩子找到问题产生的原因，一起解决问题。有一些孩子有情绪的时候通过生病来表达，这也是一种身体上的表达方式。比如，我们发现孩子刚上幼儿园时会生一场病，这就是小朋友在用身体表达自己缺乏安全感。孩子在刚上幼儿园的时候会出现分离焦虑。孩子被家长送到幼儿园后，父母就离开了，他慢慢地失去对父母的信任，觉得父母可能靠不住了。这个时候他不会再哭闹，而是把内心的恐惧和失望的情绪全藏在内心，这种情绪会越来越强烈，所以有些孩子刚入园的时候，哭闹没有那么严重，但是一段时间之后，孩子开始出现肚子疼、咳嗽、发烧等躯体症状。家长出门的时候，一定要正面和孩子告别。不管孩子哭或闹都要让他亲眼看着你离开，你要正面告诉他你要离开，这对孩子长期的安全感建立是很有帮助的。这样孩子就不会觉得父母莫名其妙地消失了。让孩子慢慢地适应正面告别，父母跟孩子告别时，可以跟孩子用固定的话术告别。当你回来的时候，你可以拥抱孩子，亲吻孩子，让孩子知道你回来了。一段时间以后，孩子在心里初步建立了分离的概念。

第三，孩子恋物。在孩子成长过程中，孩子可能有自己特别喜欢的物品，总是爱不释手，甚至寸步不离。这个物品可能是一块小枕巾，一个小玩具，一件旧衣服，还有可能是妈妈的耳朵，一块小手绢等。孩子在睡觉的时候紧紧抱在怀里抚摸亲吻，以抵抗紧张、焦虑、寂寞，然后才能安心地睡去。很多时候，这些孩子爱不释手的物品都妈妈的替代品，幼儿心理学称之为"过渡性客体"。孩子的恋物行为不可怕，家长强行夺走或制止的行为才可怕，我们要帮助孩子接受环境和适应环境，周围的人和物能给他带来安全感，那么久而久之，心爱之物也会被慢慢移出孩子的日常必备品清单。

第四，胆小敏感，不敢探索。缺乏安全感的孩子对外面的世界有较强的戒备心，敏感多疑，缺乏自信，不敢探索新鲜事物，适应新环境的能力也较弱，害怕被别人抛弃，容易产生自卑的心理，内心脆弱敏感，不能接受批评，一点批评都可能产生剧烈的情绪，很难缓解。还有的孩子会表现得异常"乖巧"，小小年纪就懂得看人脸色行事，小心翼翼地生活。如果看到父母不高兴，这样的孩子就会立刻怀疑是不是自己做错什么事了，担心被父母责罚或者抛弃。

第五，怕见生人，性格孤僻，社交能力弱。没有安全感的孩子特别喜欢待在封闭的空间里，身边要有熟悉的人陪伴。如果家长带孩子到人多的地方让他接触陌生人，一般没有安全感的孩子非常容易哭闹，害怕陌生人，不敢表达，甚至不敢和别人沟通，过分依赖身边亲近的人。安全感不足的孩子会过分执着于获得较高的名次和荣誉，觉得只有这样他人才会认可自己。0～2岁的孩子"认生"是很正常的，这个阶段的孩子自我保护意识强。3岁左右的孩子已经具备和同龄人交流、参与集体生活的能力了。但如果孩子都三四岁了，还是很黏着家长，不敢接触其他人，家长们就要提高警惕了，这是孩子缺乏安全感的表现。

你家的孩子有这些行为吗？如果有，家长们要注意自己对孩子的关心不足的问题和孩子正在面临安全感缺失的问题。0～3岁是孩子安全感建立的关键期，如果没有把握好这个阶段，4～6岁是一个补救期。如果想要走进孩子的内心，帮助孩子重新建立安全感需要花费更多的精力和耐心。

孩子的安全感是家庭给予的，是在孩子和父母的一次一次重复地互动当中建立的。如果父母具备以下两种特质，会给孩子建立起安全感。第一种特质是对孩子的关注度比较高，有科学的育儿知识，对孩子的照顾是及时的、有边界感的，能够共情并给予孩子独立的空间，并且随着孩子的成长不断地调整照顾孩子的方式方法。第二种特质是对孩子的关注度不高，但是父母健康自信，积极乐观，能成为孩子正面学习的榜样。

忙碌是现在父母和孩子之间出现问题的重要原因，父母能够陪伴孩子的时间有限，大多只重视孩子的行为，很少重视孩子的内心世界。安全感缺失就成为孩子们的隐性伤害，在成长过程中他们需要不断地弥补这种伤害。孩子不想上学，父母想的是怎么哄孩子走进校园；孩子抑郁了，家长们想的是到哪个医院治疗最好；孩子想不开，家长们想的是应该牢牢地看住孩子。他们从没有思考孩子这些行为背后的心理原因，所以不能从根本上解决这些问题。如果父母在不经意间破坏了孩子内心的安全感，那就要及时做出改变，努力为孩子创造一个安全稳定的家庭成长环境。父母们要始终坚信，育儿即育己，父母只有不断学习，提升自己，才能有力量滋养孩子的心灵。想要提升孩子的安全感，父母要做到以下几点。

第一，接纳孩子，给予孩子无条件的爱。父母对孩子无条件接纳，可以让孩子自内而外地散发自信，做事更有底气，愿意尝试和探索，更容易适应环境和发展才智。无条件地接纳孩子不仅是情感上的接纳，觉得自己爱孩子，所以孩子做的事情都可以接受，应该先从理性的角度接纳孩子，当孩子遇到问题时，我们应该理性分析问题产生的原因，并给予正确地解决问题的方法，并相信孩子一定可以做得更好。比如，孩子总是沉迷于手机游戏，大多数家长希望通过批评说教来改掉孩子沉迷于游戏的毛病。而能够理性接纳的父母会从孩子是否缺乏陪伴，或者他的朋友都在玩什么这些方面来考虑问题。只有父母们找到孩子产生问题的根源，才能够真正地接纳孩子的不足。无条件接纳孩子是一种心态而不是一种行为。父母只有无条件接纳孩子，让孩子获得充足的安全感，孩子才能把全部精力投入到自我成长和发展中。

第二，与孩子保持边界感，划清"你"和"我"。很多家长觉得孩子是自己的一部分，孩子不能有隐私，既然生他养他，就有权利干涉他的一切，就是这样的错误观念，导致了父母和孩子边界感模糊，父母过度地介入孩子的生活，以爱为名，行控制之实，给孩子打造了一个精致的牢笼。这样的亲子关系会导致孩子过度压抑或者孩子无法独立，最终酿成悲剧。每一个聪明的父母，都应懂得与孩子"渐行渐远"的道理。

第三，有效沟通，远离"暴力沟通"。提起暴力，很多父母都会说："我从来不打孩子。"其实，并不是动手打孩子才算暴力。不和孩子亲昵，打击否定孩子，嘲笑孩子无能，肆无忌惮地拿孩子和别人做对比，从精神上控制孩子，让孩子认为自己无能，这些都算是"暴力沟通"。比起肢体上的暴力，语言暴力对孩子的伤害更大，更深远，很多孩子因为父母的一句话，记恨父母一生。长期受父母语言暴力的孩子，长大后内心会经常感到自卑，总是害怕自己哪里做得不够好，甚至觉得自己不值得被爱。亲子之间出现"暴力沟通"，很多时候都是父母的负面情绪失控导致的。父母要学习沟通技巧，处理好自己的情绪问题，与孩子平等地进行交流，给孩子建立安全的沟通环境。

第四，信任孩子，永远做孩子的后盾。信任是相互的，父母不信任孩子，孩子也很难再信任父母。如果父母都不能信任，那孩子还能相信谁？父母不相信孩子的想法，不相信孩子的选择，不相信孩子的品格，不相信孩子的能力，好像孩子浑身上下根本没有任何值得家长认可的地方。不管孩子怎么解释，父母都不相信。生活在父母不信任中的孩子，敏感自卑，很难获得安全感。被信任的孩子会用积极乐观的心态去面对人生中的风风雨雨，不会因为一点失败就退缩不前。被信任的孩子，拥有一往无前的底气和探索未知的勇气，更容易开拓属于自己的美好未来。

三、好习惯养成更重要

有人说，教育就是培养好习惯。当孩子的好习惯养成了，即便在别人看来很难的事情，对于他们来说轻轻松松就可以完成了。大部分孩子在生活、学习过程中是不具备自主性的，这是因为他们没有养成良好的习惯。拥有好习惯是孩子一生的财富。家庭教育的重点就是培养孩子养成良好的习惯。我们将孩子需要养成的习惯分为行为习惯、思维习惯、品质习惯。

行为习惯。这种习惯是生活当中最显而易见的习惯，早睡早起、按时吃饭、坚持运动、上课认真听讲、回家独立完成作业等，都是孩子需要具备的良好的行为习惯。虽然这种习惯是表层的，但是也是最容易形成的，家长们要从行为习惯开始帮助孩子建立好习惯。

思维习惯。这种习惯是在孩子的思维意识形成过程中建立起来的。当孩子面对一个问题的时候会做出什么反应就是由这种习惯来决定的。不得不说这种习惯真的太重要了，意识指导行为，如果思维习惯养成得不好，孩子就很难做出正确的决策，也很难做出正确的选择。

品质习惯。这种习惯决定孩子做事情的道德标准和原则。孩子只有拥有良好的品质习惯才能够规范自己的日常行为。7 岁前是建立习惯的关键期，孩子从不知到知，每时每刻都在接受对他来说新鲜的事物。这个阶段的孩子接受能力强，模仿能力强，可塑性强，父母最应该在这个时候帮助孩子打下养成良好行为习惯的基础，为培养好习惯做好准备。每一个父母都要重视在关键期培养孩子的习惯。

好的习惯受用一生，坏的习惯很难纠正。孩子的习惯无论好坏都是在成长过程中日积月累形成的，也是一个家庭教育模式的集中体现。一个人一天当中有约 95% 的行为是习惯性产生的，只有仅仅 5% 左右的行为是属于非习惯性的，而这些非习惯性的行为重复几周后，也会成为习惯性的行为。如果父母能抓住孩子形成习惯的途径，找到规律，就可以帮孩子播种更多好习惯的种子，减少坏习惯的产生。

坏习惯是如何在孩子成长过程中形成的？

孩子的先天气质类型。孩子的先天气质类型对习惯的形成起着重要的作用。乐天型的孩子更为积极乐观，但喜欢享受当下，缺乏金钱观念，自我约束能力差。忧郁型的孩子心思细腻，做事情专注深刻，却容易悲伤抑郁。激进型的孩子目标感强，执行力强，但缺少同情心和爱心。冷静型的孩子做事情非常谨慎小心，不容易犯错，可是缺乏创新精神。

榜样的作用。孩子大部分习惯的养成都受家庭成员的影响。孩子从小就喜欢模仿大人的行为。因为无法辨别大人行为的好与坏，所以在模仿过程中也会把坏的行为习惯也学过来。模仿他人是孩子养成坏习惯的重要途径。父母的榜样作用在孩子习惯的养成中就显得尤为关键，一旦父母有言行不当的时候，很快就会被孩子吸收转化成自己的不良习惯。

重复相同行为。有心理学家提出"21 天可以养成一种习惯",但事实上,21 天不足以形成稳定的习惯,经过反复验证,42 天的习惯养成计划才是更为合理的。就是说养成习惯不是一蹴而就的,长时间、多次重复相同的行为,才能够形成孩子的习惯。当孩子出现坏的行为的时候,父母不及时制止,孩子就会再次出现这样的行为,重复多次,最终形成坏习惯。

家长的溺爱。孩子的不良习惯持续的时间很长,甚至变成根深蒂固的习惯,都是因为父母的溺爱。显性的溺爱是纵容,隐性的溺爱则是通过潜意识控制孩子。很多父母说自己不是刻意去养成孩子的坏习惯,也没有怂恿孩子去做不该做的事情,但是父母们的行为已经影响了孩子的潜意识,使得孩子做出了潜意识控制下的行为。比如,当孩子考试成绩不理想的时候,家长们会批评孩子脑子笨,不如别的孩子聪明。这样的互动方式会让孩子逐渐变得做事情不自信,缺乏创新精神和挑战精神,遇到事情就会做出习惯性退缩的行为。所以比起纵容孩子的坏行为,在潜意识中影响孩子更为可怕,甚至会在不知不觉中影响孩子的人格。

我们已经知道坏习惯形成的原因，那好习惯应该如何养成呢？家长们要抓住两个关键：一个是培养好的习惯，一个是纠正坏的习惯。培养好的习惯就是帮助孩子树立正确的认识，用正确的认识指导行为，经过反复训练，将行为变成好习惯。对已经形成的坏习惯进行纠正，首先要改变孩子的错误认识，反复训练以后，形成正确的思维习惯，再用正确的认识来指导孩子的行为，正确的行为经过反复实践，最终形成稳定良好的行为习惯。

在帮助孩子养成好习惯的过程中，父母们要注意以下几个方面。

第一，尊重孩子的独特性。任何习惯的培养都要从尊重孩子自身的独特性开始。有的孩子天生做事情小心谨慎，家长们却非要培养孩子挑战和探索的习惯；有的孩子天生就不善于表达，家长们非要让孩子在众人面前侃侃而谈。对孩子这样的要求和做法无疑是在给自己制造困难。不要压抑孩子自身的特点，在帮助孩子养成好习惯的过程中，要鼓励孩子发表自己的观点和看法，尊重孩子的个性发展，才能培养出身心健康的孩子。在养成习惯的过程中，鼓励孩子试错，当出现了问题或失败以后，要继续鼓励他们，而不是责罚和打骂。责罚和打骂会让孩子失去养成习惯的主动性，好习惯就更难养成了。

第二，重视重复训练。好习惯的养成是需要长期积累和反复强化的，只有反复训练，才能够形成稳定的习惯。我们经常说 21 天养成一个习惯，而一个稳定的习惯不止 21 天才能养成。虽然不同的习惯的养成需要的时间是不同的，但是都不是一蹴而就的。家长在帮助孩子培养好习惯的过程中，要调整好心态，告诉自己这是一项长期的工程，要给予孩子足够的耐心，允许孩子在习惯养成过程中反复出现问题，只要不断纠正，坚持不懈，孩子一定能够养成良好的习惯。

第三，抓好关键的第一次。家长们可以思考这样的问题。孩子第一次做错事情的时候，你的反应是什么？孩子第一次做对事情的时候，你的反馈是什么？在培养孩子的好习惯过程中，抓好第一次行为的反馈很重要。坏行为发生时，如果你选择无视，孩子就会默认这样做是正确的，就会重复做，形成坏习惯。好行为如果加以鼓励和赞扬，孩子就会坚持下去，逐渐形成好的行为习惯。家长们要抓住培养孩子习惯的关键时期，从第一次、第一时间抓起。

第四，重视环境的影响。 帮助孩子养成好习惯，一定要先从自身做起。父母是最好的榜样，也可能是最坏的榜样。家庭、学校等的环境，家庭成员、老师、同学等人群对孩子习惯养成的影响都是很大的，家长们要帮助孩子学会辨别不良行为，远离不良行为。家长们要和孩子多沟通，了解孩子的状态，做好预防和纠正不良习惯的准备。

家长应尽早为孩子提供良好的教育环境，促进孩子大脑发育，塑造良好的人格，养成一生受益的好习惯，为孩子以后的生活打下坚实的基础。

案例一

家住在广西桂林的朱先生早就有了购买新车的计划，正好家附近的一家4S店办车展，主要销售的品牌为奥迪。由于一时兴起，再加上当天朱先生夫妻二人又都放假，便带着3岁的女儿去看车展。彼时小朱看着父母一个个都把目光放在了车子上，平日里一直都被父母关注的她，因一时之间受到了冷落，便把气都撒在奥迪车上。从当时的监控中可以看到，小朱先是端了奥迪车几脚，紧接着用手用力拍打，后来就用石子划车，共划伤10辆车。

这很重要：

我们为什么要给孩子制定规则呢？一个没有规则的孩子，做事就没有界限，也不懂得承担相应的责任。

案例二

孩子从上幼儿园开始，我就经常一大早给老师发短信说："对不起老师，孩子起晚了。""对不起老师，今天要晚一会儿。"等上了小学以后，孩子基本上没迟到过，但是每天家里都有一场没有硝烟的战争。我每天早晨都要求自己要有耐心，不能打骂孩子，当我一次一次走进儿子的房间，一次一次叫醒失败，好不容易积累起来的耐心，一点一点地被摧垮，我就又开始吼叫，并且一天的心情都不好。

这很重要：

睡眠不足不仅会影响孩子的身高发育，影响睡眠中生长激素的分泌，而且还会使孩子反应迟缓。如果长时间睡眠不规律、不充分，孩子会有明显的反应慢、记忆力减退的现象，6岁以下的孩子要言传身教，从怀孕的时候就开始养成睡眠规律，孩子有大致规律就行，不用苛求，对于6岁以上的孩子要建立一个日程表，特别是对于已经上学的孩子，父母一定要跟他约定，每天几点起床，几点睡觉。从小养成早睡早起的习惯。

第六章

无法交心的亲子沟通

很多妈妈不解，为什么那个曾经叽叽喳喳围着妈妈说个不停的小黏人精，突然就不爱和父母说话了，不仅不爱和父母聊天，甚至厌恶并逃避和父母沟通。很多家长疑惑，具有血缘关系的亲子关系本该是融洽、和谐和亲密无间的，为什么变得无话可说和无法交流了？这不得不让家长们反思自己的亲子沟通方式。家长们总以为自己很爱孩子，觉得无论做什么事情都是为了孩子好，但我们在跟孩子沟通的时候却没有设身处地地考虑孩子的认知水平，没有真正尊重孩子的选择。

父母在跟孩子沟通的过程中需要三思而后行，当孩子产生情绪时，首先要解决的是情绪问题，首先要做的是观察并体会孩子的情绪和感受，"共情"是亲子沟通中最最底层的逻辑。用孩子能接受的方式与孩子交流，不仅能减少矛盾，也能提升父母跟孩子的沟通经验，孩子的心理比较脆弱，如果因为不当的沟通给孩子带来伤害，可能需要花费父母更多心力去补救。

一、家长不会和孩子沟通

　　孩子的心理问题和学习问题都与亲子沟通方式有着密切的关系。父母和孩子每天都在沟通，眼神、语言、情绪、动作都体现了沟通的方式方法。恰当的沟通方式能够解决问题，拉近亲子关系。可当父母和孩子的沟通方式不当的时候，沟通反而会使矛盾升级，不但解决不了问题，甚至还可能大吵一架，不欢而散。沟通明明是双向奔赴，可父母和孩子沟通时，经常不给孩子表达自己想法的机会，认为孩子说什么都是辩解，结果就会出现一个在说，一个在听，或者是一个在说，一个不听的现象。父母想当然地认为自己已经和孩子沟通了，可是在孩子心中这样的沟通却毫无意义。

你和孩子是否经常出现这样的对话场景：

1. 经常责备

父母说："和你说了多少遍饭前便后要洗手？为什么就是不听？快点去洗，别磨磨蹭蹭。"

孩子心里想："我就是不洗手，洗也不好好洗，明明是妈妈心情不好在拿我撒气。"

如果父母把情绪发泄给孩子，因为小事常常责备孩子，孩子就可以很敏感地感知父母的情绪。指责型父母无论孩子发出怎样的信息，都用指责予以回应。他们关注当下的情境和自我的感受，却忘记了关注孩子的情绪和感受。孩子内心就会自动开启自我保护模式，忽略父母的要求，甚至与父母发生冲突。

2. 挖苦讽刺

父母说："你这脑袋真的很'聪明'，这道题讲了一百遍了，猪都会了，你还听不懂。你看看你班某某，人家妈妈讲一遍就会。"

孩子心里想："反正妈妈也瞧不起我，总觉得我不如别人，或许我就像妈妈说的那样笨，我无药可救了。"

语言的杀伤力太强了，讽刺挖苦孩子，拿自己的孩子与别人家孩子对比，不仅伤害孩子的自尊，还可能让孩子对自己失望，做事情缺乏动力，甚至不管父母说什么，孩子都提不起兴趣。

3. 威胁吓唬

父母说："作业做完了吗？我数三下，马上去写，三、二、一！再不写完，就别睡觉了！"

孩子心里想："妈妈一点都不爱我，我知道要去写作业，但我就想先玩一会儿。你们可以好好说话吗？"

父母只是吓唬吓唬孩子，但经常用这样的方式，不仅起不到教育孩子的目的，时间长了，孩子耳朵都听长茧了，父母的话，孩子自然不为所动。

4. 习惯抱怨

父母说："我和你爸搬到这个破地方，妈妈连工作都辞掉了，就为了陪你学习，你就考这么点分，对得起我们吗？"

孩子心里想："你们从来没有问过我的想法，都是自己做的决定。别把你们的想法强加给我，你们搬家、辞掉工作，和我学习成绩好坏有什么关系？你们累，我就不累吗？"

父母对孩子的抱怨,大部分孩子是无法真正理解的。这样的沟通方式只会让孩子感受到父母的否定,给孩子带来巨大的压力,孩子会觉得是自己把一切变得糟糕,一直生活在自我否定中。

5.贴负面标签

妈妈说:"你是一个笨孩子,所以更要努力学习,多花时间。"

孩子心里会想:"妈妈说我是一个笨孩子,我没有他们聪明,所以成绩不好也正常。"

父母给孩子贴的负面标签,会让孩子一生受困于这种评价,不管做什么,孩子都觉得自己就是父母说的那个样子。贴负面标签就像在孩子心中种下一粒种子,这样的心理状态很难改变。

6.祈求讨好

父母说:"只要这次考试你考进前10名,你想要啥都行,让妈妈做啥都愿意。"

孩子心里会想:"我学习这么辛苦,所以考试成绩才优秀。你们有这么优秀的孩子,你们应该满足我的要求,我想干啥就干啥。"

父母想以牺牲自己的方式唤起孩子的内疚感，从而努力取得好成绩。父母表现出"只要你能……你喜欢怎样就怎样"的态度，就是讨好型的亲子沟通模式。过度讨好的父母会让孩子变得自私和任性。当父母总是满足孩子的需求和要求时，孩子就会认为自己的意愿是最重要的，而不考虑他人的感受和需要。一旦父母没有满足孩子的要求，孩子就会发脾气，和父母发生矛盾冲突。

7. 爱讲大道理

父母说："一个人在社会上求生存，要学会隐忍，忍一时风平浪静，退一步海阔天空……"

孩子心里会想："你说的这些大道理和我有什么关系？解决不了我的问题，唠唠叨叨的，烦死了。"

当孩子遇到问题，爱讲大道理的父母喜欢告诉孩子应对这个问题的逻辑、准则，没有考虑孩子的感受和情绪，只顾着自己表达自己的想法。这样的父母不仅帮不到孩子，还会让孩子反感并拒绝沟通。

8. 喜欢打岔

孩子说："妈妈，今天我们班级获得篮球比赛第一名。"妈妈说："儿子，你帮我下楼买一下苹果。"

孩子心里想："你一点也不关心我的事情，不在意我的感受，以后再也不和你说我的事情了。"

打岔型的父母从不给予正面的回应，喜欢顾左右而言他。"孩子说东，他却说西。"父母给予孩子的回应是及时的，但互动的质量却非常差。爱打岔的父母总是习惯性忽略当下的情景和孩子的感受，会让孩子失去和父母继续沟通的兴趣，排斥与父母沟通交流。

父母和孩子沟通存在问题的根源主要有两个。

第一，父母沟通只重视陈述事实，忽略了孩子的情感体验。用命令的方式来说服孩子是现在大部分父母和孩子之间的沟通方式。很多父母说自己也不是不想好好沟通，可是好话坏话都说尽了，孩子就是不听，一发脾气，孩子就听。出现在孩子小时候的这种服从权威的现象，给家长们带来错误的认知，误认为孩子会一直服从于自己的威严。时间久了，家长们会习惯性地为了达到目的，忽略孩子的心理感受，只关注陈述事实，不考虑孩子的情绪情感。命令、争吵、哭闹、威胁等沟通方式代替了有情感地平静交流。很多父母由于受应试教育的影响，只重视孩子在智力方面的发展，而忽视孩子非智力方面的培养。全家人只围着孩子的分数转，学习成为父母在家中和孩子谈论最多的内容，甚至成为饭桌上的固定谈话节目，而且父母总是一遍遍地唠叨和说教。突然有一天，家长发现孩子不听话了，拍案而起、摔门而去、离家出走等行为开始出现。家长们疑惑不解，孩子怎么变了呢？其实孩子一直在成长，只是家长的教育方法一直停滞不前，沟通方式早就不适合孩子的年龄和心理状态了。教育孩子唯一不变的就是时刻要变，因为孩子的成长是动态的，家长的教育方法怎么能固化呢？

第二，父母自以为是，对孩子不信任。很多父母，尤其是母亲，会把"一切为了孩子"作为自己的座右铭，自认为自己做的一切都是为了孩子好。而这样"无私奉献"的背后，暗藏着一种心理需求，就是"我说的都是对的，你必须要听才行。"在这样的亲子关系当中，孩子会觉得母亲为自己付出很多，不忍心反驳、伤害母亲，所以选择在沟通过程中沉默不语，顺从母亲的想法。如果孩子没有听从母亲的安排，母亲甚至会做出很极端的行为，会不断地诉说自己为了孩子、为了家庭做出的牺牲，指责、抱怨其他的家庭成员，给予孩子强大的压迫感，让孩子按照她的想法做事情。久而久之，父母的自以为是会让亲子沟通变成父母单方面输出，孩子被动地接受。还有一些家长喜欢把自己过去的经验传授给孩子，希望孩子少走弯路，但是孩子不接受这些经验，更希望总结属于自己的人生经验，父母和孩子之间就会形成沟通障碍，一个想要付出，一个却不愿意接受。

二、孩子逃避和家长沟通

　　每一个孩子都想和父母好好沟通，只是在获得多次比较差的沟通体验以后，孩子在内心会建立起防御机制，逃避和父母沟通。当父母发现孩子拒绝沟通的时候，亲子关系就陷入了危机之中。一个妈妈请高考结束的女儿吃饭，妈妈指着菜牌对女儿说："来，宝贝，妈妈今天好好犒劳犒劳你，想吃啥随便点，妈妈买单。"女儿特别开心地说："妈，我早就想吃这个辣的了，我想尝尝。"妈妈一看菜牌，脸色一下变了，说："闺女啊，你长了满脸的青春痘，不能吃辣的呀，吃辣的不还是要长痘吗？换一个不辣的。"孩子又看了看菜牌，说："妈，我看这个香，我想吃这个。"妈妈一看，惊讶地说道："哎哟，宝贝，这是油炸的，油炸的垃圾食品，吃了多上火呀，都不知道油好坏，咱不吃这个，咱再换一个。"这时女儿情绪低落地说："这个吧，这个白灼的，这个总健康吧，行了吧？"妈妈一看，又说："闺女啊，这个白灼的，一点味都没有，一点都不好吃，我太了解了，你肯定不爱吃，你再换一个。"这时候女儿发飙了，大喊："18年了，每次你都口口声声问我，说征求我的意见，可哪次听了我的呀？如果每次都要听你的，你为啥假惺惺地问我呀？我真受够了，你就是一个控制型的妈妈。为啥我填学校填那么远，我就是想离开你！"

这样的对话内容在你的家里有没有发生过？很多家长会觉得，妈妈是为了孩子好，孩子不但不领情，还想远离妈妈，真是不懂事。父母将自己放在一个强势的位置上，将个人意志强加给孩子。想当然地认为自己的需求和想法就是孩子的需求和想法，强迫孩子服从自己的选择，小到穿父母挑选的衣服，吃父母做的某道菜，大到强迫孩子读一个父母认为好的专业，从事父母认为稳定的职业，和父母喜欢的结婚对象结婚。父母其实已经陷入"我都是为了孩子好"的幻觉中，最可怕的是父母并不自知。这样的父母内心不承认自己和孩子之间平等的关系，当然在沟通中也不会给予孩子应有的尊重。而大部分的孩子会认为，妈妈的控制欲太强了，不理解孩子的感受和需求，既然沟通不了，不如不沟通。父母给予孩子无处不在的控制和令人窒息的爱护，让孩子时刻想远离。《奇葩说》有一期的辩论话题是：如果可以为孩子一键定制完美人生，你会按下按钮吗？有控制欲的父母一定会毫不犹豫地站在正方。孩子们一定会义无反顾地站在反方，认为自己是独立的个体，自由和尊严是不可侵犯的。

经常有人说，隔在父母和孩子之间的不是代沟，而是一道无法逾越的鸿沟。这道鸿沟是两代人在价值观念、心理状态、生活习惯等方面的差异带来的心理距离，影响两代人之间的互相理解和沟通。在社会飞速发展的今天三年前出生的人和三年后出生的人，看问题的角度都有可能不同，何况相差二三十岁的父母和孩子。他们成长的环境不同，人生的经历不同，思维方式和行为习惯不同，自然会产生认知差异。比起父母，孩子们对动漫、游戏、流行音乐、网络词汇更感兴趣，他们更愿意接触新鲜的事物，做有创造性的事情，更敢于接受挑战。他们认为父母的认知是落后的，他们不可能理解自己，接受不了父母的沟通方式。父母很难理解孩子的思想、行为和兴趣爱好，甚至认为孩子浪费时间做无用的事情，这样的孩子和父母追求的好好学习的好孩子之间有很大的差别。父母想强制干预孩子感兴趣的事情，孩子想逃避、对抗父母，就导致孩子和家长之间出现了更深的代沟。每一个父母都要正视自己和孩子之间的代沟是真实存在的。我们无法消除这种代沟，但是要尊重代沟，要有耐心，多了解孩子的成长变化，减少因为代沟带来的沟通问题。父母和孩子之间的代沟产生的原因主要有两个：

第一个是父母和孩子的成长背景不同。父母经常会看不惯孩子的穿衣打扮，认为孩子穿得不是过于夸张，就是穿得太单薄。父母从小就干涉孩子的兴趣爱好，让孩子上父母认为有用的兴趣班，不让孩子自己选择兴趣班。父母想窥探孩子的隐私，比如偷看孩子的日记，偷看孩子的社交软件，过分地关注孩子与异性的交往，一些控制欲极强的父母甚至不允许孩子有自己的秘密。父母和孩子的消费观念冲突也很明显，父母希望孩子能懂得赚钱不易，要节省花销，也会认为孩子经常买一些没有用的东西；而很多孩子都是月光族，没有什么存款，觉得自己如果没有钱了就可以向父母要。

由于生活的背景和经历不同，很多父母和孩子之间没有共同话题，交流沟通就会出现障碍。

第二个是父母和孩子的成长不同步。孩子每天都在成长变化，父母却故步自封，不愿更新自己的教育理念。孩子的成长是有规律的，父母们要多关注孩子的身体和心理的发育，正确地认识不同阶段的孩子的成长变化，掌握沟通艺术。父母们过度关注孩子的身体成长，习惯把自己放在"保姆"的角色上，把照顾好孩子的饮食起居作为第一要务。很少有家长想了解孩子的内心世界，提升自己的沟通技巧。父母和孩子的关系是时刻变化的，从生活上的依赖逐渐变成心理上的依靠。家长们懂得转变自己的角色和沟通方式，才能更好地陪伴孩子成长。

在一次300人参与的问卷调查中，大多数学生反映了自己不愿与家长沟通的理由。

1.父母没耐心倾听孩子内心的想法

孩子们认为自己没法和父母沟通，因为父母不明白孩子到底需要什么，就喜欢把自己的思想强加给孩子。

父母总会无视孩子的意见，总以"你还小"为借口，没有耐心倾听孩子的想法，独断专权，不征求孩子的意见，也从来不听孩子的解释。

2.父母的事情永远比孩子的事情重要

父母真的很忙，忙工作，忙应酬，忙着他们认为重要的事情。他们对于孩子的事情却不以为意，会忘了自己与孩子的约定，也会忘了对孩子来说很重要的日子。当遇到困难时，孩子也不愿意和父母说。他们认为就算说了，父母也可能没有时间帮助自己解决问题。

3.自己做不到的事情，强加给孩子

父母对孩子的要求很高，可有些事情父母也做不到，却总是要求孩子一定要做到：不让孩子玩游戏，自己却天天打游戏；让孩子养成阅读习惯，父母从来不读书；孩子犯了错误就要挨骂家长犯了错误却不知悔改。有些家长喜欢讲一些已经不适用的大道理，再摆出一副"吃的盐比你吃的饭都多"的架势，逼孩子

接受他们的思想。

4. 父母总是控制不住自己发火

每次想和父母沟通自己的真实想法，就怕父母莫名其妙地发脾气。父母总是不能和孩子心平气和地沟通，只要父母不理解，就会把沟通转化为批评教育。孩子们需要平等地沟通交流，表达真实的感受。

亲子之间沟通困难是由于大多数家长缺乏教育学和心理学的相关知识，再加上他们的文化水平有限，同时随着工作节奏不断加快，竞争压力日益增大，许多家长不得不将更多的时间和精力投入到工作中，致使他们无暇顾及甚至忽视对孩子，尤其是处于青春期的孩子教育和指导。这已成为目前普遍存在的一个社会现象。

我们发现 10 岁前的孩子就像家长的小尾巴，愿意跟随父母，非常崇拜父母，这个阶段的孩子容易沟通交流。10 ~ 20 岁的年龄阶段，孩子处于青春期，独立意识增强,孩子的崇拜对象从父母变成了明星、朋友。这个时候孩子认为父母爱唠叨，父母不再是高高在上的榜样，父母的缺点很多，甚至瞧不起自己的父母，这个阶段的代沟是最深的。

三、先沟通，再教育

　　父母想要和孩子建立良好的沟通，就要站在孩子的角度思考问题。理解孩子的情感需求，给予孩子包容和爱。父母在教育孩子的过程中要遵循一个原则，就是当你想要说服一个人的时候，先要让他不反对你的意见，然后才可能让他接受你的意见。这个原则在心理学上叫作欧弗斯托原则。教育孩子的过程中，父母想要孩子听自己的话，就应该先和孩子建立良好的沟通，让孩子不与自己对抗，尤其是到了青春期的孩子，他们认为自己已经长大了，大人能做到的事情他们一样能行。这个阶段的孩子开始挑战父母的权威，当父母否定孩子的想法的时候，孩子往往会更加肯定自己是对的。父母不让孩子做的事情,孩子偏要做给父母看。其实他是在表现自己,证明自己是一个独立的个体,用实际行动告诉父母:"我已经长大了。"父母和青春期的孩子沟通更要慎重,可能一句话没说好,就触及了孩子的雷区,又是一场争吵,甚至任何事件都能成为你们争吵的话题。

我们经常听到有父母抱怨孩子不听话,自己苦口婆心地说,说哑了喉咙,孩子也不理解。家长们把原因都归结在孩子身上,说孩子不懂事,自己觉得很委屈。家长们要懂得并运用亲子沟通的技巧,孩子才愿意听话。想要建立良好的亲子沟通,家长们只需要明白三个问题:第一个问题是如何问,孩子才愿意说;第二个问题是如何听,孩子才愿意说;第三个问题是如何说,孩子才愿意做。

当孩子和你说:"妈妈,我不想上学了。"很多家长第一反应就会问为什么。当你问为什么的时候,孩子会把注意力集中在找到不上学的理由上,可能会告诉你,不喜欢老师,不爱上数学课,等等。如果你问孩子在学校发生了什么,孩子会把发生的事情和他现在的心理状态告诉你。沟通是人们分享信息、思想、情感的过程，这个过程可以以口头语言、书面语言、形体语言等形式进行。我们常看到人们沟通的时候，有的人滔滔不绝地讲，有的人聚精会神地听，我们可能觉得讲的人才是这次沟通交流的主导，其实最终决定他讲的内容的是一直在倾听、一直在问问题的人。所以会问问题的人才是高手，因为问题决定了答案。当和他人沟通的时候，我们提出的问题可以决定这个人是开心还是悲伤。比如，当我们见一个朋友时，我们希望他开心，就会问他从小到大获得过什么样的荣誉，对方会侃侃而谈，满脸自豪地回忆过去的荣誉。如果继续问他在获奖的时候有什么感受，对方满脸喜悦，眉飞色舞地说，当时有多少人投来羡慕的眼光。可如果我们问他："听说上个月你爷爷身体不好住院了？"这个人就会马上陷入悲伤的情绪，满脑子都是爷爷住院的场景，甚至会说人生不易，老年人更需要关心爱护。不同的问题会把对方代入不同的情境中，所以要学会通过问问题，找到自己想要的答案。

什么事情可以让 99% 的孩子"原地爆炸"？答案

就是父母不会沟通。父母们要知道和孩子沟通时，孩子的情绪状态是由你的问题决定的，也就是说，你开口那一刻，就决定了这场沟通的结局。如果想让他不开心，你就问会让他不开心的事情。比如，问他今天作业做完了没有，考试失败了有什么打算，下个月的钢琴考级准备好没。你不停地问他给他带来压力的事情，他就会低落压抑，闷闷不乐。如果想让他开心，你可以说："记得你以前参加比赛的时候获得的那些荣誉吗？"你会发现孩子立刻变得兴奋和喜悦。孩子的自信、幸福感冲上心头，这就会变成热爱学习和热爱生活的动力。

父母经常问什么，决定了孩子长期想什么。乐观而有智慧的父母，会在和孩子沟通的时候，经常提及让孩子感到自豪和幸福的事情，这样孩子总是信心满满，斗志昂扬。

有很多家长反映自己问孩子什么样的问题他都不吭声，这个时候家长就要认识到一个问题，就是你和孩子之间的信任感已消耗殆尽。父母和孩子之间的信任可以分为两个方面。

第一个方面就是你是否能给孩子能量，帮助孩子解决问题。很多孩子不爱和父母交流，无视父母提出的问题，就是因为孩子认为就算说出自己的真实想法和现在面临的问题，父母也没有耐心和办法解决问题，甚至还可能因为不理解而遭到责骂。孩子遇到问题向父母求助时，父母应该借此机会帮助孩子培养解决问题的能力，而不是觉得孩子笨或者忽视孩子的困扰。第一，当问题出现时，不要急着马上帮助孩子解决，而要鼓励他们自己先去想解决办法。你可以提出一些供孩子参考的解决方案，而不是直接告诉他们该做什么，要培养孩子的独立思考能力。第二，你在旁边观察孩子，发现孩子想到解决方案时，可以积极引导他去进行尝试。第三，在孩子利用解决方案解决遇到的问题过程中，家长一定要及时鼓励他的正向行为。第四，让孩子适当承当后果。承担自己行为的后果，可以提升孩子解决问题的能力。第五，问题解决以后，和孩子一起复盘，或者在事后与孩子分享你是如何解决这样的问题的。培养孩子解决问题的能力，才是父母给予孩子的最宝贵的财富。

第二个方面是你是否能够给予孩子安全感，帮助孩子保守秘密。很多时候家长为了暂时地安抚孩子的情绪，开出很多"空头支票"。"今天快点做作业，周末妈妈带你去游乐园。""这次考试进了前十名，妈妈给你买一双限量版球鞋。"家长在不经意中许下的每一个承诺，都盛满了孩子的期待。当家长毁掉自己的承诺时，其实是在毁掉自己在孩子心中的信任。《曾子烹彘》讲得就是这样的故事，曾子的妻子要去赶集，儿子吵着要跟去，为了安抚孩子，妻子答应赶集回来就给儿子杀猪吃。妻子赶集回来了，发现曾子已经准备杀猪了，妻子慌忙解释说："我不过是开玩笑罢了。"曾子摇摇头说："今子欺之，是教子欺也。"教育孩子时，我们很容易像曾子的妻子那样，理直气壮地欺骗孩子来达到目的。对家长而言，许下的这些承诺是无足轻重的，但对孩子而言，家长食言却是一点点地使孩子失去对这个世界的信心与信任。还有很多妈妈无数次尝试破解孩子的手机密码，想窥探各种消息。有的家长喜欢在老师面前或者亲戚面前讲孩子的秘密，有的家长会经常翻看孩子的日记。几乎所有的孩子在隐私被侵犯时都会产生不安全感和恼怒，特别是青春期的孩子，他们非常敏感，对父母会产生更加强烈的抵触心理。家长和孩子之间的信任感太低，父母越想靠近孩子，孩子就越想拒而远之。这个时候不是孩子想瞒着家长，而是孩子根本不信任家长。当家长发现孩子的秘密时，正确的处理方法是：

第一，不要当面揭穿。我们要尽力保护孩子的自尊心，如果揭穿孩子的小秘密，孩子会感觉到很没面子，从而影响亲子关系。

第二，相信孩子，调整心态。父母在发现孩子有自己的小秘密时，先调整好自己的心态，用正常的眼光看待孩子，尊重孩子的小秘密，相信孩子。

第三，孩子想说就耐心倾听，不要强迫孩子说出自己的秘密。孩子有秘密是孩子成长的必经之路，要懂得引导并且让孩子有独立的空间。如果孩子有秘密，我们要做的是在亲子沟通上下功夫，多关心，多尊重，多倾听，让孩子能主动对你坦白心事。

好的沟通，倾听很重要。倾听不仅要听出言下之意，还要能辨别言外之意。知音难觅，每个人都希望找到好的听众，值得信赖的听众，可以对其畅所欲言的听众。可大部分人听着听着就开始注意力不集中，再后来会转移到他自己的观点上，然后开始各说各的，甚至会打断别人说话，反驳对方的观点，不知不觉地把沟通变成了冲突。倾听是一种可以训练的能力，倾听是一门艺术，更是一种技巧。倾听和听见有很大的区别。有的人会说："我已经认真听别人说话了，甚至能复述对方说的每一句话，也知道他想表达的意思，这不就是很强的倾听能力吗？"能听清楚每一个词，只能代表你听见了，真正的倾听是需要你积极参与和互动的，不仅要能够在倾听的过程中理解对方，还要能够鼓励对方表达出更多的信息，引导对方自己找到问题的解决方法。每个人都应该训练自己的倾听能力，在听别人讲话的时候能全身心地听，而不是分心，或者思考怎么反驳他的观点。心理学当中有一个叫"牢骚效应"的现象。一个人能把自己未实现的心愿和未满足的情绪用语言的方式表达出来，对增进人的身体健康和提升工作效率都非常有利。聪明的父母一定不要做倾诉者，而要做倾听者。听一听孩子的心声，了解孩子的同时，还能让孩子把自己的负面情绪发泄出来，有利于孩子的身心健康发展。

父母在倾听孩子说话时候的表现通常会有以下几种类型。第一种是一心多用型。这种类型的父母边听孩子说，边看手机、手表，心里一直想着别的事情，很难安静地坐下来。第二种是一脸茫然型。家长和孩子沟通的时候，虽然身体和孩子在一起，但是大脑已经不知道在想什么了，听着孩子说话，却什么都没听懂。第三种是反驳指责型。这种类型的家长和孩子沟通的时候，特别喜欢打断孩子说话，找机会表达自己的观点，爱发表反对的观点和使用指责的语言。第四种是认真倾听型。这类家长在和孩子沟通的时候会认真地听孩子讲话，还会搭配眼神、语言、肢体动作等来表达自己的全神贯注和积极地参与互动。这类家长能和孩子建立良好的亲子关系。

家长们在倾听的过程中要注意以下三点：第一点是专注地听，第二点是不打断，第三点是给予反馈。家长们在倾听时给予反馈不一定使用语言，也可以使用非语言沟通来反馈。这种非语言沟通的信号叫作

"SOFTEN"，分别是微笑、放开的姿态、身体前倾、接触、眼神交流、点头。微笑能够给人莫大的力量，也会让对方更愿意向你表达自己真实的想法，增加彼此的信任。我们要让孩子感受到父母是接纳他们的行为的，无论发生什么，父母都是开放的状态。接纳孩子的观点和行为，孩子才会敢于继续表达自己内心真实的想法。在沟通的时候，身体前倾表达的是渴望接近对方，也能让孩子感受到父母想听自己继续说下去。如果父母总是跷着二郎腿，身体往椅子上靠着，孩子会感受到距离感，失去沟通的欲望。父母和孩子沟通的过程中，当孩子说到伤心的地方时，父母可以拍拍孩子的肩膀，这样的肢体接触也会给孩子精神力量，增强亲子的信任感。父母慈爱的眼神能够融化孩子冰冷的内心，再加上表示肯定的点头示意，可以给孩子莫大的鼓励和认可。请想想，这样的沟通交流哪个孩子会拒绝呢？

很多家长都反馈和孩子说什么孩子都不听，不好沟通，还叛逆。这个过程中父母喜欢用命令的语气让孩子服从自己，命令孩子做应该孩子自己主动做的事情。明明是孩子应该自愿完成的事情，却变成父母逼孩子做的事情。我们要把做事情的主动权交给孩子，父母要营造氛围让孩子自己说，自己做。孩子自己说的话，自己会愿意遵守；自己主动要做的事情，自己会愿意完成。父母们要学会用二选一的沟通方式。比如孩子放学回家，是先做作业还是先玩的问题，可以跟孩子说，每天回家之后有两种选择。一种选择是自己先写作业，作业写好之后还有充足的时间可以支配，这样晚上可以休息得很好。第二天老师也觉得他作业做得很认真，他会得到表扬和肯定。另一种选择是回家先玩，玩到很晚才写作业。作业写到很晚才能完成。并且因为作业写得不工整，第二天会被老师批评。孩子会在你的信任和鼓励下，选择第一种方式。二选一的沟通方式能够使孩子要做的事情更加明确，帮助孩子快速地做决定，是孩子更容易接受的方式。

很多父母会在吃饭的时候批评孩子，说到气愤的地方甚至会摔碗、掀桌子，这样的教育方式让人无法忍受。一家人一起吃饭是一件幸福的事情，这样的沟通方式，不仅会严重影响家庭氛围，让孩子失去安全感，还会影响孩子的身体健康，导致厌食等问题。父母可以在晚饭后散步时和孩子沟通，在轻松的氛围下，孩子更愿意表达自己的真实想法。家长们可以定期举行家庭会议，在家庭会议中探讨交流。亲子沟通时选择的环境很重要，良好的环境能辅助沟通产生积极的结果。父母和孩子沟通的时间是有限的，每个父母都希望在有限的时间下，能做有质量的沟通。那么沟通的"黄金时间"到底是什么时候呢？

第一，起床前。"一日之计在于晨。"营造一个良好的起床氛围，是形成你与孩子良好沟通的重要起点。很多妈妈说叫孩子起床很困难，我们不要急着把睡眼惺忪的孩子从床上揪起来，可以先安排一系列的叫醒仪式：第一步，预留 15 分钟，为孩子在睁开眼睛到起床之间预留时间，不要把时间搞得很紧张，紧张的氛围会让孩子产生焦虑。第二步，营造一个舒适的环境，让孩子自然醒来。比如，打开窗户，让空气和阳光进来。播放一些舒缓的歌曲，轻轻抚摸或按摩孩子的头发。第三步，当孩子睁开眼时，给孩子来个温柔且美好的问候，如"宝贝，早上好呀。"

第二，回家后。孩子放学回家，踏进门时最希望得到的是爸爸妈妈的欢迎，或是很耐心地听听他白天发生了什么事情。所以营造一个美好的进门时光，也是为孩子与父母在家里的沟通创造一个好的情境。当孩子刚从外面回家时，最不希望听到的就是这样的话："作业多不多？赶快写作业。""考试成绩出来没？""你怎么弄一身土，赶紧去换衣服。"

第三，入睡前。入睡前是父母和孩子沟通的绝佳时机，如果父母能够妥善运用这个时间与孩子交流，很容易灌输信息进入孩子的潜意识。在孩子放松，准备入睡的时候，也是父母与孩子情感交流的好机会。

第四，外出游玩时。周末或某个休闲娱乐时间，心平气和地坐下来，安静、惬意的环境能放松人的精神，不会带着防备的心态，把自己对一些问题的观点、想法说清楚，再听听孩子的想法，交换彼此对具体事情的看法就可以。沟通的时间不宜过长，在有限的时间内给予孩子更多的归属感、安全感。

中国有句古话叫"亲其师，信其道。"意思是说，亲近自己的老师，就要相信他所教的内容。其实，这句话对当代的父母们教育孩子同样是适用的。常常有父母苦恼地说："我让孩子快点写作业，他根本就不听。""我让他别老玩手机，别打游戏，他好像没听见一样。"孩子为什么不听父母说的话，其中一个很重要的原因就是不和谐的亲子关系封住了孩子的耳朵和心灵，他的耳朵和心灵都不愿意向父母敞开，他时刻想逃离父母，甚至还有可能因为自我保护而故意跟父母对着干。

父母们要重视孩子的教育以及和孩子之间的沟通技巧。亲子之间经常沟通不仅能及时发现孩子在成长时的心理问题，还能够及时引导孩子，这样对孩子的身心发育是有很大好处的。良好的亲子关系能打开孩子封闭的耳朵和心灵，让孩子愿意听父母的话。父母们一定要记住，好的亲子关系就是最好的教育方法。

案例一

我儿子自从上了初中就开始结交社会上的朋友。有一天，我开车路过一家咖啡馆，发现我儿子和他的两个朋友在门外站着吸烟。老师还向我反映，孩子上课经常发呆，偶尔逃课，不仅自己不学习，还总是故意打扰别的孩子学习，甚至还欺负别的同学。我心里很烦乱，每次说他时都会吵起来，最后不了了之，但同时又觉得很愧疚，不知道如何和孩子沟通。

这个很重要：

关系大于教育。孩子进入青春期以后，会更加追求独立和自我，想要挑战权威。如果父母情绪不稳定，爱讲大道理，或是经常唠叨，孩子就会抗拒与父母沟通，甚至会产生激烈的亲子冲突。作为父母，我们对青春期的孩子要有包容心，稳定自己的情绪，了解这个阶段孩子的成长特点，才能和孩子建立有效的沟通。

案例二

我们家有两个孩子，老大是女孩，老二是男孩。两个孩子只差 3 岁，性格却截然不同。姐姐特别乖巧听话，学习成绩好，日常表现也很优秀，擅长游泳和画画。弟弟正好相反，整天调皮捣蛋，经常被老师找家长。我经常在老二面前表扬老大，想让弟弟向姐姐学习。但是上初中以后，弟弟不喜欢和我沟通，甚至不想听我说话，尤其是不愿意听我提姐姐的事情。

这个很重要：

案例中的家长与孩子的沟通方式是不恰当的。总是喜欢拿姐弟俩比较，还总是夸奖姐姐，批评弟弟，这会让被批评方很厌烦，姐姐也会产生压力。长此以往，弟弟会通过叛逆行为寻求过度关注，寻找归属感。在孩子成长过程中，家长应该多鼓励孩子，少打压，更不能经常对比来打击孩子。

第七章

很难攻克的学习难题

很多人不理解，为什么中国家长那么重视孩子的学习问题。似乎在一个家庭中，孩子学习好，一切都好说，如果孩子学习不好，好像整个家庭都是失败的。为什么会这样呢？

首先是社会的压力问题。很多家长希望孩子能够在学校里取得好成绩，考上理想的大学，以此来获得更好的职业机会和更高的社会地位。尤其是在教育资源相对落后的地区，家长们更是拼尽全力为孩子的学习创造条件。

其次是父母的压力问题。很多家长把自己过高的期待传递给孩子，认为自己没完成的心愿，孩子应该去实现。父母对孩子的未来过度焦虑，认为孩子只有通过优异的成绩才能在激烈的竞争环境中脱颖而出。父母缺乏教育意识，很多家长依旧认为成绩比孩子的全面发展更重要，因此会过于关注孩子的成绩和表现。

一说到孩子成绩不好，很多家长表示自己也很委屈，家里已经给孩子创造了好的学习条件，可是孩子的成绩始终上不去，这是为什么呢？这是我们家长指导孩子学习的方法不科学导致的。

家长对孩子的学习管理主要有以下两种类型：

第一种，家长把时间和精力都放在孩子身上，又当保姆又当老师，事无巨细，为孩子操碎了心。从小陪孩子写作业，先做哪个科目，再做哪个科目都帮孩子安排好。每天都身体力行，亲自检查孩子的作业，对孩子的要求很严格，孩子在成绩上的每次浮动都牵动家长的心，都能引起他们足够的重视。还有的家长利用自己强大的学习能力，跟孩子一起重新学一遍小学和初中的课程，孩子遇到不会的问题，父母就像老师一样，详细讲解步骤，孩子不懂的知识点，父母也能深入浅出地讲透。这种类型的家长对孩子寄予厚望，总是喜欢拿自己的孩子和别人家的孩子做比较，比较之后，自己更加焦虑，对孩子的要求更加严格。好像无论孩子是否真的更努力了，他们都不会满足，总是希望自己的孩子能比身边人孩子优秀一些。

第二种，家长每天会问孩子的学习情况。例如，"作业做完了吗？在学校表现得怎么样？"这类家长也只是停留在"问"的层面上，孩子回答"做完了"后，他们就不会再深入追问学习上的问题，也不太关心孩子完成作业的质量到底怎么样。在辅导孩子学习的过程中，刚开始学的知识相对简单，大多数父母还能够应对自如，到了高年级，尤其是初中、高中阶段，很多家长就很"自觉"地不去管孩子的学习问题了，因为这已经超出了他们的能力范围。孩子学习上的问题家长已经解决不了，家长们把希望寄托在老师身上，其实这是一种无奈又不负责任的做法。

辅导孩子学习不仅需要耐心、爱心，更需要智慧。每一个优秀的孩子的背后，都有用心陪伴的父母，和孩子一同进步，一同成长。

家长们重视孩子的学习问题，是不是孩子的学习成绩就好了呢？显然不是这样，在很多家庭中，孩子的学习成绩问题仍然是家长们最为头疼的事情之一。孩子的学习成绩不佳的原因到底有哪些？

1. 自我信念不足

孩子的自我信念不足主要是由于对自我能力的认知和判断有偏差，就会导致他的潜能没办法释放出来。比如，如果孩子认为自己没有数学方面的天赋，学不好数学，那么在学习数学的时候，他的大脑就是停滞状态，无论数学题简单还是难，他都会放弃努力。这类孩子最大的特点就是缺乏自信，害怕失败，不敢尝试挑战。究其原因，很多家长在孩子童年的时候经常对孩子说："你怎么这么笨。"这让孩子产生了自卑感，潜能就无法释放出来。孩子要想学习好，首先要相信自己的能力。没有哪个学科是困难的，只是没有找到方法，不是没有天赋。父母应该鼓励孩子按照自己的意愿和方式去做，多给孩子创造实践的机会，尊重孩子成长的需要，生活中不要过多替代孩子做事。家长们切忌过度保护孩子，要让孩子在犯错中成长。当孩子犯错的时候，我们千万不能简单地表示否定、不满，而应该进行分析复盘，帮他找出进步的方向，用鼓励性的语言去支持他；如果孩子做得好，家长们一定要学会及时鼓励孩子的正向行为。

2. 基础知识不牢

孩子对学过的知识一知半解，背诵时总是出错，上课时跟不上老师的节奏，看似听懂了，过几天后一问三不知。写作业的时候经常需要翻书查看例题和知识点，刷题和考试磕磕绊绊。这样的孩子就是典型的基础知识不扎实。学习知识是一个持续、连贯的过程，对于前面已经学过的知识还没掌握牢固，老师再讲新的知识，自然就会听不懂。结果不懂的知识点越来越多，新的内容又纷至沓来，就像滚雪球一样，不会的知识越来越多。欠账越多，包袱越重，这样就压垮了孩子，再讲新课他就听不进去。时间久了，孩子就会对学习失去兴趣。

3. 没有学习兴趣

人的大脑会主动追求快乐，远离痛苦。遇到快乐的事情，人们就愿意重复、重复、再重复，遇到痛苦的事情，人们就会逃离、逃离、再逃离。爱学习的孩子都是在学习的过程当中获得了成就感和价值感。这些来自家长、老师、同学们的鼓励、赞美就像一双大手推动着孩子，对学习始终保持兴趣和热度。

学习的规律不是学不进去便咬牙硬挺，而是让孩子在学习中找到快乐。孩子开心才能开启智慧，如果你经常对孩子吼叫打骂，孩子带着痛苦的心情去学习，他的大脑细胞处于被抑制的状态，根本不会有好的学习效果。只有孩子觉得学习使他兴奋，大脑的能量才会被激活，迅速地释放出来。家长一定要想办法让他把学习变成一件快乐的事。

很多孩子会遇到这样的问题，明明已经下定决心要刻苦学习一番了，可学习起来总免不了三分钟热度，不是过程太枯燥坚持不下来，就是注意力容易被破坏。父母想要帮助孩子克服意志上的弱点，想让孩子对新鲜事物产生比较明显、集中、相对稳定的心理倾向，就需要激发孩子的学习兴趣。

4. 学习方法不得当

学习方法是影响孩子学习成绩的重要因素。对孩子来说"学会"和"会学"是两种境界。孩子必须找到适合自己的方法才能事半功倍。现在很多同学都错误地认为理科的学习方法就是题海战术，文科的学习方法就是大量背诵，这样的方法需要付出很多的时间和精力，却很难达到融会贯通的效果，付出 10 倍的努力可能连 3 分的收获也没有。孩子的学习方法是需要不断丰富的，小学阶段要掌握基本的学习方法，比如，先计划再学习，先预习再听课，先复习再做作业，每周复习错题本，及时进行阶段复习和阶段小结等。随着年级的升高，孩子应该不断丰富自己的学习方法。比如学会使用学习工具，合理分配学习时间，科学用脑，选择阅读参考资料，等等。父母在孩子学习过程中更应该重视孩子学习方法的引导，不要只纠结于孩子的成绩。

5. 情绪困扰

如果孩子在学习中感受到高兴、快乐、喜悦、热情等积极情绪，对学习是有促进作用的，能够提高学习的状态和效果。孩子体会到愉快的情绪能使大脑处于最佳活动状态，人在愉快的心情下学习，精力会更集中，思维更敏捷，记忆效果大大提高。如果孩子在学习中感受到焦虑、痛苦、忧伤、愤怒、冷漠等消极情绪，会对学习起阻碍作用。孩子有消极情绪的时候学习是不能集中精力的，思维会变得混乱，记忆力也会下降。

父母帮助孩子处理情绪问题的有效方式是共情，接纳和理解他当下的情绪，同时也可以辅助一些转移的手段，年龄越小转移这个办法越好用。父母应该帮助孩子找到情绪问题产生的根源，从根源上解决问题。

这些方法可以帮助孩子有效地降低情绪的强度，不让它发展成为暴风骤雨。家长们切记，孩子有情绪的时候，你去批评他，会使他的情绪"雪上加霜"，大道理也要等孩子情绪稳定以后，再讲给孩子听。

孩子的情绪障碍问题主要有四种：抑郁型、焦虑型、强迫型、恐惧型。其中以抑郁型、焦虑型为主。如果孩子眼睛没有神采，面部表情较少，言语不多，不愿与家长交流，肢体动作也很少，对生活失去兴趣，厌恶自我；经常埋怨父母，说一些消极厌世的话，一点小事不顺心就哭闹吼叫，打砸物品，厌食、逃学甚至离家出走，放学和周末把自己关在屋子里不出门，不和同学交往，这个时候你就要重视孩子的情绪问题了，如果孩子的情绪问题比较严重，建议寻求专业帮助。

现在孩子学习压力大，竞争激烈，孩子在学习中出现各种各样的负面情绪是很正常的。家长们想要帮助孩子排解这些负面情绪，首先就得了解这些负面情绪产生的原因是什么。在这个时候好的亲子关系就派上用场了，你可以和孩子进行深入的交流，了解孩子的内心想法和感受，鼓励孩子表达自己的情感。

6. 学习不勤奋

《礼记·中庸》中认为为学的几个层次是："博学之，审问之，慎思之，明辨之，笃行之。"这对于今天的孩子来说依然有借鉴意义。勤学善思，勇于实践，把知识融会贯通，才能不断取得进步。勤奋学习是一种行为，也是一种重要的品质。在竞争越来越激烈的升学考试中，勤奋学习是学生的立足之本，也是学业成功的基础。通过勤奋学习，孩子可以更好地掌握知识和技能，并在考试中取得优异成绩。通过勤奋学习可以培养学生坚持不懈的毅力和自律能力。

学习成绩好是靠先天的天分还是靠后期的勤奋呢？答案是两者的作用均不可忽视。可以说想要取得好的学习成绩，这两个因素缺一不可。天分可以决定孩子学习成绩的上限，勤奋可以决定孩子学习成绩的下限。绝大多数孩子的天分都处于差不多的水平，所以勤奋成了超越同等天分的同伴和超越自己的重要方法。

7. 认知能力差

认知能力差，简单说就是听不进去，不理解，记不住，反应不过来。一个认知能力较差的学生可能需要反复阅读和思考才能理解课堂上讲解的内容，大部分时间是跟不上老师讲课的节奏的。而与之相比，认知能力较强的学生可能只需要听一遍就能掌握。

认知能力差的表现有记忆力差、注意力不集中、学习困难、反应迟钝、语言障碍或者容易受到惊吓刺激等。

父母帮助孩子提升认知能力要考虑到孩子的先天因素。接受专业的教育和训练可以帮助孩子改善认知能力。例如，学习认知训练技巧、记忆技巧等，可以提高认知能力。保持健康的生活方式对提高认知能力也很重要。充足的睡眠、均衡的饮食、适度的运动等都可以改善大脑功能。

一、学习找不到动力

学习从出生就已经开始了，每一个孩子出生的时候对这个世界都充满好奇心，并积极主动地探索学习。他们观察周边的人，模仿他们的表情、声音，他们对于新鲜的事物总是充满好奇心、探索欲望。随着年龄增长，孩子开始出现学习障碍：对学习没有兴趣，学习时总是分心，学习效率低下，明明想学习，就是控制不住自己去打游戏。到底为什么孩子会变成这样呢？人类在原始社会时期，为了生存，会尽量节省自己的能量，随时准备应对猛兽的攻击，像思考、训练这样高耗能的行为会本能地被排斥，而能够放松的活动更受人类大脑的喜爱，所以好逸恶劳、缺乏耐心、及时行乐是人类的天性，也是大脑的选择。当孩子学习动力不足，觉得学习太累了，或者当孩子明知道应该马上学习，却还是想玩会儿的时候，就是人的本能又来作怪了。所以持续的学习动力就需要让孩子克服天性，克服欲望，克服本能，克服好逸恶劳，克服及时行乐，克服急于求成，克服缺乏耐心。

学习是一个长流程多环节的事情，是大脑中的神经元细胞建立链接的过程，本质上需要不断地重复和练习，而孩子们急于得到成绩，缺乏耐心，总想在付出后短时间内得到回报，努力学习三五天，发现成绩变化不大，就马上自我否定，产生焦虑，甚至决定放弃。开始的时候有学习兴趣，过程中缺乏学习能力和学习毅力，成绩变化不明显，孩子很快就会放弃，最后失去了学习的兴趣和动力。如果孩子缺乏学习能力和耐心，那么他的学习成绩很难令人满意。缺乏耐心是人的天性，无论是孩子还是成年人，提高耐心都是值得终身学习的事情。对新鲜事物感到好奇，喜欢探索是人类的天性，但是对于学校里长时间地学习，追求成绩排名的学习是厌烦的，因为这样的学习探索会延迟满足快乐，长时间地坚持也会消耗意志力，消耗很多能量。再比如，有的孩子喜欢做自己擅长的事情，这是在顺应天性，做低耗能的事情，成绩就很难突破。有的孩子在不断地攻克错题、不会的知识点，这是高耗能的事情，这是在克制天性，成绩会越来越好。

1. 先解决情绪问题，再解决学习问题

情绪是孩子学习最大的障碍。当孩子有情绪问题的时候，需要耗费能量去抵抗情绪问题，这会导致孩子不能够理性地思考其他事情，不能够专注地学习。抵抗情绪问题本身就是一件高耗能的事情，如果情绪问题一直不被解决，孩子就会反复地思考，重复地焦虑，影响对其他事情的兴趣，必然会失去学习的动力。

解决情绪问题的关键就是面对情绪，弄清楚产生情绪的原因，理性分析并找到解决问题的方法。当孩子有情绪问题的时候，可以让孩子把心中的想法写出来，连续写 5 到 10 分钟，让孩子自己清晰地认识到是什么事情让当下的自己有情绪问题，也有助于更快地从大脑中移除这些问题。在纸面上可以进行理性的分析，避免反复思考。

我们会发现很多孩子平时在学校里学习很积极，到了假期就开始打游戏，贪玩，学习效率极低。在高中学习一直很好的学生，到了大学就开始打游戏，逃课，考试挂科，不能把心思放在学业上。如果给孩子充足的自由支配的时间，他们就会选择最为舒适的生活，不再有动力去努力学习。这是因为没有学校这样一个载体安排课程计划和时间，学生失去了明确的目标去为之努力。目标不明确导致的行动力不足不只体现在孩子身上，成年人也面临这样的问题。人们在面对多重选择或者太多的未知情况时，本能地会选择退缩。人需要目标，有了目标才能有源源不断的行动力，即使中途遇到干扰，也能快速地进行调整，回归到自己应该做的事情上。有时候目标是长远的，但是现实还是要去设定更多的小目标，眼前能看得见的目标。目标有了，就要制订计划，计划会让人按部就班地做事情，减少能量的消耗，为大脑节省脑力资源。要注意的是，我们在制订计划的时候要把休息娱乐的时间计算在里面。做繁重的工作的同时，一定要及时奖励自己。

2. 缺乏正向的反馈，会让孩子缺乏坚持下去的动力

在孩子努力学习的过程中，想要有持续的学习动力，就要有不断的正向反馈，包括情绪上的正向反馈和结果上的正向反馈。情绪上的正向反馈是周边人对他的赞扬。老师的夸奖、同学羡慕的眼光、父母的鼓励等，都会让孩子对这件事情感到愉快，并且愿意持续地做下去。结果上的正向反馈就是要有阶段性的胜利，可以把孩子的长远目标划分成无数的小目标，让孩子感受到成功没有那么遥远，一个目标接着一个目标去实现，很快也会达成梦想。如果这两个反馈都做好了，孩子的动力就会越来越强，进入积极正向的循环当中。总是看不到正向反馈的孩子会对学习产生本能的抗拒，觉得学习会日复一日地消耗自己，就会产生厌学的情绪。我们还要了解一个概念叫作负面偏好。负面偏好使父母不愿意多夸奖自己孩子的进步，就是说人更关注一件事情的负面反馈。比如当一个孩子考试排名比上次提升了 5 个名次，明明是一件值得夸奖的事情，可是父母的关注点会在为什么英语成绩比上一次低了 4 分。这样的反馈会让孩子很愤怒，也会让

孩子失去和父母分享进步的欲望，甚至失去学习的动力。人的负面偏好的天性会使人们本能地关注负面消息，这种天性在原始社会会保护人类的安全，在现在却会使人们忽略美好的事物。而孩子的学习过程需要父母们克服这种天性，多关注孩子的细小进步。在进步的时候给予孩子肯定和鼓励，会让孩子产生源源不断的学习信心和动力。

3. 把握住自己的生理规律，使之与学习相匹配

我们的体力、智力、情绪每天都在发生变化，从高点到低点会形成周期。当三个要素都处在低谷的时候，人们就会感觉自己很疲惫，什么都不想做或者什么都做不好。当这三个要素达到高峰的时候，就会感觉自己能力超群，精力充沛。所以我们要懂得运用这个节点：当疲惫不堪的时候不要焦虑，不要自责，好好休息一下；把握好精力旺盛的时候，这时候行动力强，适合完成一些困难或重要的任务。

兴趣是最好的老师，但兴趣不能在学习过程中起决定性作用。很多家长会说："我家孩子没有学习动力，是因为对学习没有兴趣。你看他感兴趣的事情，

如打篮球、打游戏等做得都很好。"家长们一定要区分孩子是对学习感兴趣，还是觉得学会了有成就感。人们都喜欢做自己擅长的事情，做擅长的事情不是因为感兴趣，而是因为容易成功。所以不擅长做的事情会经常被认为是不喜欢、不感兴趣的事情，孩子就会失去动力，容易放弃。周岭在《认知觉醒：伴随一生的学习方法论》中提到：促使我们成功的核心其实不是兴趣带来的喜欢，而是擅长带来的成就感。家长们要细细品味这两句话的区别，清晰地知晓两者的区别，就会避免在鼓励孩子的路上走上歧途。当孩子遇到喜欢做的事情，要鼓励孩子把它变成擅长做的事情。就算遇到不喜欢做的事情，也要变成擅长做的事情，擅长做之后就会有成就感，这样不喜欢做的事情也会转变为愿意做的事情，学习动力也就随之而来。

孩子所处的环境会给他带来潜移默化的影响，对孩子有利的环境会给孩子带来积极的学习动力，消极的环境会给孩子带来学习上的阻力。我们都听过孟母三迁的故事，孟子的母亲为了能够给孟子好的成长学习环境，先后搬了三次家，最后搬到了学堂附近。孟子取得的成就和他的成长环境是息息相关的。如果孩子身边的朋友和伙伴都是努力学习的，每天看着其他人学习的状态，孩子在潜意识中也会去模仿，耳濡目染地也会想跟得上身边人的脚步。如果身边的朋友都喜欢玩手机游戏，逃课，孩子想不受到消极影响是很难的，会认为学习这件事好像没什么用。家长们要重视孩子身边的环境、朋友的类型，给予正确的交友引导。

除了现实环境以外，家长们也要关注孩子们接触的虚拟环境。互联网会给孩子输送很多信息，这些信息也在影响孩子的思想，游戏、广告等都是孩子感兴趣的话题，也是会破坏孩子专注力的信息，孩子一旦陷到这些低级快乐当中，很难重新建立专注学习的品质。

二、学习不讲方法

　　学生在求学阶段更喜欢把关注点放在显性的学习能力上，就是在具体学科的分数竞争上，而对隐藏在成绩后面的学习方式和方法，家长和孩子们的重视程度都很低。这样导致的结果就是为了追求学习成绩，孩子盲目地努力，被动地接受课堂知识，用时间代替方法，致使孩子们都热衷于熬夜，这就出现了有的孩子看起来很努力，成绩就是不好的现象。缺少正确的学习方法，孩子们的学习效率就会很低。在终身学习的时代，每个人都应该明确掌握学习方法比努力更重要。我们可以把孩子的学习分为三层。第一层是"苦学"。"头悬梁、锥刺股"式的学习，对孩子来说是一种痛苦的学习感受，很难在学习过程中得到快乐，长此以往，孩子对学习必然产生恐惧和厌烦。处在这个层次的孩子，会认为学习是一件苦差事。第二层是"好学"。处在这个层次的孩子在学习的过程中获得了成就感和价值感，所以不需要外在力量的推动，自觉地对学习如饥似渴，废寝忘食，很容易让学习变成良性循环。第三层是"会学"。学习本身就是一门学问，有科学的方法和要遵循的规律。会学的孩子能够掌握学习的密码和钥匙，会让学习更加轻松、高效，做学习的主人。

家长在孩子学习上可能没少下功夫，有的妈妈为了陪伴孩子学习放弃了工作，全身心地每天陪伴孩子写作业、上补习班、上兴趣班，可孩子的学习成绩依旧平平。家长们通常会把问题的原因归结为自己的孩子比别人家孩子笨，或者没有其他小朋友努力，于是对孩子要求更严格，学校布置的作业写完还要给孩子布置练习题，放假就给孩子补课，进入恶性循环中，却从来不考虑是不是孩子在学习上缺少适合自己的方法。这样的孩子就算再用功，没有正确的学习方法，依旧会被其他孩子落下一大截。

不会学习的孩子看什么、做什么、学什么都心中没数，从来不做学习计划。这些孩子认为，每天上课、回家、吃饭、做作业、睡觉，没有多余的时间供自己安排。他们课前不预习，对上课内容完全陌生，无法带着疑问去学，听课时开小差，不记笔记，不善于寻找重点和难点，找不到学习上的突破口，眉毛胡子一把抓，学习时不注意劳逸结合，不善于转移大脑兴奋中心，影响学习效率。

学习是一个流程长、环节多的事情，没有合理的学习规划是很难取得好的成绩的。学习有八个大的环节：计划、预习、听课、写作业、刷题、复习、考试、复盘。这八个环节环环相扣，相互作用，如果孩子能够明确每一环节的关键点，再把它们串联成闭环，就会在学习中不断地提升效率。

第一，先计划，后学习。古语云："一日之计在于晨，一年之计在于春。"这句古语告诉我们，一个人在一天之中，早上的计划和安排是非常关键的。只有在每天的开始，我们明确了当天的目标和计划，才能更好地安排时间和精力，提高学习工作效率，想做的事情会按部就班地实施下去。让孩子在学习的过程中做到心中有数，有利于孩子在学习中发挥主观能动性。有了计划，孩子就会按照计划一步一步地学习，中途分心走神也不怕，还能够很快地回归到自己的计划当中。每个学生都在有限的时间内学习，如果可以更高效地完成学习任务，就要坚持做计划，计划可以让孩子们节省出思考下一步做什么的时间，减少脑力的耗能，符合人的本性。让孩子制订计划不仅可以培养孩子学习的主动性，还能养成好的学习习惯。

孩子的学习计划，我们通常会按时间长短分为日计划、周计划、月计划、学期计划、年计划等。好的计划要合理地规划内容。做计划要定好目标，定好内容，定好时间。目标最好比孩子现有的能力高出 20%。孩子努努力就能达到的目标，对孩子来说有一定的难度，但孩子不会觉得枯燥和重复，又不会因为目标太长远，看不到希望而失去动力。首先，我们要尊重孩子的意愿，得到孩子的认同。家长们帮助孩子做学习计划，一定要和孩子沟通协商完成。计划符合实施人的意愿，才能更好地执行下去。其次，要根据学校的教学计划和孩子自身的情况制订学习计划。孩子制订的学习计划大部分是为学校教学以外的时间服务的，计划的内容一定要和学校的课程和进度匹配。最后，要保证计划具有适用性和灵活性。计划要符合孩子的现实状况，别人家孩子适用的计划不一定适合自己家的孩子，家长们千万不能盲目地模仿别人的计划。计划也要灵活有弹性，如果不适合当下情况，就要及时调整。

第二，先预习，再听讲。预习不是提前学习，而是做重要的事情的准备工作。如果孩子抱着提前学习的心态去预习，就会认为明天上课也会讲一遍，预习就是浪费时间。还有的孩子认为前一天已经学过了，第二天课堂上讲的知识就可以不用再听。孩子们只知道上课听课重要，却不知道这件重要的事情的准备工作对听课的质量起着决定性的作用。我们会发现有的学生上课能够积极回答问题，主动参与到课堂的互动当中，老师提出的问题，他好像早就知道答案。而有的学生要听课，看黑板，记笔记，还要参与课堂互动，忙得焦头烂额，稍不留神，就会错过重要的知识点。

不会预习的孩子在课堂上只是被动地听课，听课效果往往不佳。

预习不是提前学习新知识，而是提前了解课程的大致内容，找到重点内容、课程的难点和不理解的疑点。这样上课时就会带着问题去听课，更容易跟上老师的思路，专注力更集中，知识掌握得才更扎实。

预习可以使新旧知识建立联系，巩固学过的知识的同时又有利于理解新的知识。养成预习的习惯，有助于养成上课专心听讲的习惯。

第三，听课时，做笔记。想要提升成绩，就要认真听讲。听课的时候联系自己预习的内容，边听边记边思考，再把自己不理解的内容和老师讲的重点内容记录下来，写作业前或考试前拿出来看一遍，对于知识的巩固学习能起到事半功倍的效果。很多学生意识不到课堂的重要性，经常上课不记笔记，下课补抄其他同学的笔记，看似节省了上课记笔记的时间，实际上失去了自己整合知识、整理自己思维的机会。有的家长说，孩子上课听课比记笔记重要，笔记可以课后补。有一个扎心的事实是，孩子上课跟不上老师的节奏，记笔记速度慢，这就代表孩子的听觉专注力不足。我们要让孩子协调五种感官听课，眼睛跟得上老师黑板上写的内容，耳朵听得到课程的重点，边听边看边思考记忆，嘴巴积极地参与课堂互动，手要跟得上记笔记。手、眼、脑、口、耳并用才能高效地完成课堂任务，才算得上是认真地听讲，如果孩子跟不上记笔记，就是听课的感官协调能力出现了问题。

我们希望孩子在课堂中记住尽量多的知识点，最好是永远都不忘。可孩子的记忆时间不持久，课上听的记住了，课后就会遗忘一些，写作业前再遗忘一些，到考试的时候就忘得差不多了。遗忘学过的知识是每一个人都不能避免的事情，根据艾宾浩斯遗忘曲线的规律不难发现，一个孩子在学习结束后的 20 分钟之内不复习，就会忘掉接近一半的知识点，如果经过 8 小时还不复习，原本记住的知识点就剩下大约 40% 的内容。抵抗遗忘的方法就是复习，而复习的工具就是课堂笔记。做笔记的方法有很多种，如康奈尔笔记法、东京大学笔记法、思维导图笔记法等。笔记的记法因人而异，要找到适合自己的固定系统的笔记记录法，这样可以提升记课堂笔记的效率，帮助孩子牢固地记忆知识点。记笔记建议用活页式笔记本，方便记错或者添加内容的时候拆卸笔记页。笔记本的规格要选择市面上常见的，方便用完一本以后再次购买。相同规格的笔记本有助于分类存放。记笔记前要记录笔记的基本信息，如日期和主题等，方便日后查看。每一页不要写得太满，要留出空白位置，方便日后整理修正。记笔记时要善于使用序列排号，方便日后看的时候，找到逻辑顺序。记录笔记的时候要多用符号来简化内容，提高记笔记的速度，也能让笔记看起来更整洁简单，方便查找内容。

第四，复习完再写作业。很多家长反映孩子写作业磨蹭拖拉，边写边玩，写的内容也是改了错，错了再改。家长们陪着写作业可谓心力交瘁，家庭氛围也可以用鸡飞狗跳来形容。每个家长都希望孩子能拥有独立完成作业的好习惯，那家长们就要先明确写作业的目的。作业是对课堂上所学的知识点的复习和巩固。目的是让孩子理解、记忆课堂上讲的重点内容，也是检查孩子对课堂上学习内容掌握的牢固程度。写作业之前复习课堂笔记可以调动孩子记忆的内容，帮孩子梳理知识脉络。复习完再写作业，就能避免出现孩子写作业的时候，因为知识点记忆模糊而反复出错，反复涂改，边翻书边找答案的学习状态。写作业之前先复习所学的知识，写作业时不准翻书找答案，并且限定时间，出现不会的题和知识点先跳过，等到全部完成后，再帮助孩子查缺补漏，最后把不熟悉的知识点和错误的题记录在错题本上，方便第二天询问老师，巩固学习。

第五，会刷题，找盲区。刷题要有明确的目的，盲目的题海战术不可取。首先，刷题可以找到日常学习遗漏的知识点，简单做法就是想提升哪个部分，就刷哪个部分对应的习题。当我们发现孩子在某个学习阶段成绩下滑，或者出现偏科现象，可以通过做对应的习题找到遗漏的知识点，之后回归课本，重新学习基础知识，知识薄弱环节就会被补充起来，成绩自然就会提升。其次，要积累做题经验，我们在刷题过程中可以采取分章节、分模块、分知识点的方式刷题，要明确刷题的目的。如果我们为了积累做题经验，就要选择适合的刷题工具，建议先刷学校内部的习题，再刷自己课外准备的习题，难度要适合自己现有的学习水平，最好稍微超出自己的学习舒适区，同时也要避免刷过于难的题，做到心中有数，一点一点地突破现有的知识盲区。想要提升成绩不能反复地做自己擅长的题目，而是要消灭知识漏洞，刷题过程就是精准定位漏洞的过程。

第六，调整心态，参加考试。学生在校期间的考试通常有两种。一种是检测性的考试，用来测试孩子这个阶段的学习效果。另一种是选拔性的考试，通过考试选择下一个阶段的学校，比如中考、高考等。考试的目的是什么？家长们可以尝试找到自己心中理想的答案。家长们如何看待考试直接影响孩子的考试心态，当然也会影响孩子的考试成绩。很多家长认为考试太重要了，高考就是孩子人生的一次重大转折。有的家长认为要减少考试次数，孩子太小应该减轻考试负担。我们可以把考试对孩子的影响这样规划。五年级以前的考试，家长们以培养孩子的学习习惯和提升知识储备量作为考试目标。孩子在考试的过程中是可以多出错的，错误多了，就有更多机会解决孩子的问题和提升孩子的学习能力。六年级到初二的考试，家长们可以把提升孩子的能力与知识储备和追求分数放在同等重要的位置上。这个时候孩子的学习习惯和知识的积累已经有经验，就要重视孩子学习效果的检验。初二到高三阶段，家长们可以让孩子把找到学习方法和追求高分数作为考试的目标。这个时候孩子基本上已经养成了自己的学习习惯，学习能力也相对稳定，要重点找适合自己的学习方法，提升学习效率，取得好的成绩，应对中考、高考。不同阶段的考试，我们要用不同的心态来对待，父母们就更容易正确地看待考试，孩子也能够明确自己的学习重心。

考试不仅考查孩子学习知识的情况，更考验孩子的考试心态。拥有良好心态的前提是做好考试的准备工作，第一项准备是知识的准备，第二项准备是考试物品的准备，第三项准备是心理的准备。

很多孩子惧怕考试，有的孩子会在考试的前几天莫名地生病，越是重要的考试病得越严重，有的孩子在考试的时候双手不停地冒汗，面无血色。出现这样的情况就是因为孩子怕成绩不好被家长责骂。越惧怕考试，越担心成绩不好，越发挥不出真实的水平。考试成绩不理想是一种反馈，要让孩子自查前一个学习过程出现的问题，也是给孩子在接下来的学习阶段调整自我的机会。家长们也要教会孩子在失败和失误中学习成长。

第七，成绩出来后，总结复盘。每次考试，家长最在意的就是孩子的考试成绩。一旦孩子成绩出现倒退，家长就会变得焦虑暴躁，对孩子就是一顿责骂，随后就给孩子增加更多课外辅导班，想让孩子把成绩提升上来。大部分家长都忽略了一个环节，那就是考试复盘。考试成绩出来以后，复盘千万不能少。首先，考试后要及时记录对于本次考试、对于各科试卷的感受。例如，什么题型做起来简单不吃力，什么题型不会做，各部分知识点的掌握程度，对于考试时间的把握。记录自己对于试卷的反馈，能够更好地了解自己当下的学习情况以及考试情况。其次，找到出错的原因。比如，知识点掌握不扎实，题读不懂，因粗心马虎出错等。最后，找到针对性的解决方案。比如，知识点不明确的部分，类型题不会做的部分，重点题型需要练习与巩固的部分。还要针对自己的目标制订下一阶段各科的学习计划。复盘要和目标做对比，找到差距，分析差距产生的原因，找到消除差距的方法。复盘的过程是一个审视自己的过程，也是一个自我剖析和成长的过程。

三、学习缺乏专注力

在互联网时代，人们的时间与注意力被不断地切割。利用电脑和手机看短视频、上网课、看直播等，光是用手指在屏幕上划来划去，就轻松地夺走了我们的注意力。从屏幕上传递出来的信息和快速闪动的画面都是让人们被动接受、缺少主动思考的学习，保持长久的专注已经成为一种非常难得的品质。虽然我们学习的途径增多了，渠道多元化了，但是看得多不代表收获得就多。快速地浏览网页和专心致志地阅读与学习还是有本质上的区别的。匆匆地翻阅，短暂地停留在页面上，来不及思考，就切换到下一个页面。真正的学习，应该是主动专注地思考，有意识地对接收到的内容进行分析、理解，这样大脑才能建立有质量的连接，而不是天天都沉浸在海量的信息之中，不断地取舍和过滤。随着互联网技术的发展，手机、电脑等电子产品不断更新，都对孩子产生极大的吸引力。现在好多孩子都喜欢玩手机、打游戏、看短剧，这些都是典型的被动型注意。孩子一旦被动注意，就很难培养专注学习的习惯。

　　短时间内，人们通过脑力资源处理信息的数量并不大，通常在7个左右。比如你在短时间内记忆单词的数量通常就是7个左右，有的人多点，有的人少点，当你记忆更多单词的时候，你发现前面记忆的单词就会被忘记了，被你的大脑移除了。其实人们的大脑处理信息的能力差别并不大。成绩好的孩子的大脑和普通孩子的大脑的区别在哪儿呢？区别就是专注学习的能力，就是是否能够集中处理事情。有的孩子在背单词的时候，会集中脑力资源背单词，大脑只处理一件事情，会高效精准。有的孩子的大脑会一边处理背单词的信息，一边处理一会儿去哪儿玩这个信息，大脑还要想昨天发生的事情。同样的时间，这两类孩子记住的单词的质量和数量就会相差很多。日积月累，这两类孩子即使拥有同样的脑力资源，但学习的效果上却会差很多。

我们知道主动保持持续的专注时长是有限的，刚开始的时候会感觉自己状态很好，过一段时间就发现开始出现疲惫、精神涣散的情况，很难继续保持专注。这个时候就需要主动休息，而不是靠喝咖啡继续坚持，这样会消耗人的意志力，会对学习这件事情产生厌烦，长此以往就会失去学习的兴趣。主动休息时，我们可以运用番茄时钟法。番茄时钟法的原理就是短时专注加频繁地奖励，专注高效工作或者学习 25 分钟后休息 5 分钟为一个"番茄时间"，循环往复，普通人的专注力持续时长大概是 20 分钟，也可以根据孩子自身的专注能力适当调整时间长短。当然这个方法在自主学习时间应用得比较多，但特定的场合，比如课堂上就不适合使用，因为课堂的节奏由老师掌握，孩子还是要根据课堂的进度进行调整。

每个人的一天都有 24 小时，但这 24 小时对于学习这项任务的专注程度是有区别的，比如早上，7 点左右大脑适合做高强度工作。大脑得到了一夜的休息，这个时候可以完成一天当中比较困难的任务，因为这个时候是容易保持专注的时候。高强度工作 4 小时后，人的各方面能力都会降到谷底。我们的大脑在午饭后会陷入疲倦，这时就需要适度地午睡，不能再坚持做高强度的任务，这个时候精神涣散，很容易出现失误。饭后 1 小时左右，人体会把食物带来的能量送到大脑，人的专注力、理解力等又会提升，可以继续从事高强度的工作。我们要抓住人的生理规律，合理地分配时间，帮助自己保持专注的状态。

专注力是做一件事情的时候，能够排除其他干扰的能力。进入专注的状态以后，大脑接收、处理、整合信息的能力都会更强，效率也会更高。我们可以从四个维度来了解专注力。第一个维度，专注力的持续性。这指的是孩子在专注地做一件事情的时候能持续多长时间。比如课堂上听课能集中注意力听多长时间，有的孩子可以从头听到一堂课结束，而有的孩子却一会儿看看窗外，一会儿动手玩橡皮，断断续续地听课，保持专注的时间只有短短的几分钟。第二个维度，专注力的广度。这指的是孩子同一时间能清楚地觉察或认识的对象的数量。专注力广度大的孩子，通常能在短时间内获取更多的信息，观察到更多的细节，能提升自己的学习效率。第三个维度，专注力的分配。简单来说就是可以同时调动多个感官分心做多件事情，具有协调处理多项事务的能力。比如，小朋友可以上课的时候一边听老师讲，一边看黑板和教材，一边记课堂笔记。这样的一心多用就是由专注力的分配能力主导的。第四个维度，专注力的转移。这指的是一个人能够主动、有目的地将注意力从一个事物转移到另一个事物的能力。比如，上课铃声响了，有的孩子能快速将专注力从玩转移到听讲，迅速投入学习状态，而有的孩子坐下来后，依旧在想着刚才在课间发生的事情，很难投入到新的课堂内容中。推荐几个提升孩子专注力的小游戏，家长们在家里就可以轻松地帮孩子改善专注力问题。

1. 舒尔特方格

舒尔特方格是世界上公认的简单而有效的训练专注力的游戏。它由一个随机排列的数字或者字母或者图形组成的 5×5 的方格网格构成。目标是按照顺序找出并指出网格中的数字或者字母或者图形。例如，如果网格中有错落的 1—25 几个数字，按 1, 2, 3, …, 25 的顺序依次找出并读出每个数字。这个游戏可以锻炼孩子的视觉追踪能力和注意力集中能力。视觉追踪能力是指在复杂的背景中快速地找出目标物体的能力。注意力集中能力是指在面对干扰时保持注意力集中和稳定的能力。这两种能力对于阅读、写作、计算等学习活动都很重要。

　　玩这个游戏时，要注意以下几点：选择适合孩子水平和年龄段的网格大小和游戏难度。一般来说，网格越大，数字越多，难度越高。记录孩子完成每个网格所用的时间，并且鼓励孩子尝试提高自己的速度和准确度。可以通过改变网格中的内容来增加趣味性和挑战性。比如，可以用字母或者图形代替数字，可以用颜色或者形状区分不同类别的内容等等。可以让孩子和父母或者同学轮流找出网格中的内容，看谁更快更准确，或者可以让孩子和父母或者同学同时找出不同的网格中的内容，看谁找得更多更全面，以此增加训练过程的趣味性。

2.数字连线

数字连线是一个即有趣又能够训练专注力的游戏。由随机排列的数字组成一个图形架构。目标是按照要求的顺序用笔连接数字,最后构成想要的图形。例如,网格中有 25 个数字,从 1 到 25,那么就要用画笔从 1 开始,依次连接 2, 3, …, 25,直到形成一条完整的线。这个游戏可以锻炼孩子的注意力集中能力和持续能力。注意力持续能力是指在一个较长时间内保持注意力不分散的能力。这两种能力对于完成复杂和耗时的学习任务都很重要。

玩这个游戏时,要注意以下几点。一是选择适合孩子能力水平的难度。一般来说,数字越多,难度越高。记录孩子完成每个图形所用的时间,并且鼓励孩子尝试提高自己的速度和准确度。二是通过改变内容来增加趣味性和挑战性。比如,可以用字母或者图形代替数字,可以用倒序或者跳跃的顺序来连接内容,等等。三是通过与孩子一起玩或者让孩子与其他人比赛来增加互动性和竞争性。

3. 拼图

拼图是一种经典的益智游戏，它的玩法是将一幅图画切成多个不规则的碎片，然后让孩子根据图案和形状来拼出完整的图画。拼图有不同的难度和主题，可以根据孩子的年龄和兴趣来选择。拼图可以锻炼孩子的视觉分辨能力，手、眼、脑的协调配合能力，还能训练孩子的逻辑思维能力和空间想象能力，也可以培养孩子的耐心、细心和创造力。

4. 乒乓球

乒乓球运动是一项对思维以及身体敏捷性要求都很高的项目，需要头脑和身体高度配合，打球时需要高度集中的专注力。打乒乓球时，孩子的眼睛和手、大脑要结合起来练习。因为乒乓球调动了大脑中负责运动、精细动作和策略规划的部位，长期坚持打乒乓球不仅能提升注意力，还能帮助改善长时间记忆功能。小球在桌面上来回弹跳，孩子去接球、打球，都在锻炼身体的协调性、反应能力和平衡能力，也可以增强孩子的竞争意识和团队精神。

专注力差的孩子在生活中是很考验父母的，他们听不进爸爸妈妈的话，大部分孩子充耳不闻，规则感差，生活习惯养成困难，自我整理和自理能力也很差，经常有脏乱现象发生，盲目地玩耍，在运动和生活中还容易受伤，经常控制不住自己情绪，爱发脾气，没有礼貌，喜欢打断别人讲话，人际关系紧张，部分有暴力倾向，会伤害其他小朋友。人际关系的恶化会影响孩子的情绪健康和人格健康，甚至会产生严重的心理问题。

专注力差的孩子在学校会不遵守纪律、学习困难；注意力集中时间短，而且容易散漫，上课时小动作多，身体扭来扭去坐不住，爱分心发呆走神，喜欢东张西望，交头接耳，容易被无端事情所吸引，抗干扰能力差，也会打扰其他同学，经常丢三落四，忘记学习用品放在哪里，自理能力很差，没有规则意识，很难遵守学校的规章制度。专注力不集中，学习没有持续性，导致学习上也一知半解，作业拖拉磨蹭，很容易出现厌学和逃学的情况。

不同年龄段的孩子专注力保持时间是不同的。0～3岁的孩子能够专注5～10分钟。这时候是孩子专注力的萌芽期，孩子在听故事、看绘本、玩玩具的时候可以保持专注。孩子 3 ～ 6 岁专注力可以持续 10 ～ 15 分钟。孩子在 3 ～ 6 岁的时候已经在上幼儿园了，幼儿园课程的时间安排是一节课 20 分钟左右，所以说正常孩子是能够满足幼儿园里的学习的。孩子 6 ～ 10 岁的时候已经进入小学低年级阶段，这个年龄段的孩子可以专注 15 ～ 20 分钟，也就是半节课左右的时间，所以 40 分钟的课堂老师会把重要的知识讲授部分安排在前半节课。孩子进入小学阶段，虽然专注力时长会提高一些，但是这个时期稳定性不足，很容易受到周边的环境影响，不过这个时期也是孩子提升专注力训练的黄金时期。10 ～ 12 岁这个年纪的孩子进入小学高年级，这时候孩子可以专注 25 ～ 30 分钟。在这个阶段的孩子在课堂上能够保持 30 分钟左右的注意力，跟得上老师讲课的节奏。孩子到了 12 岁之后，就可以专注于一件事情 30 分钟以上。这个时期的孩子注意力的范围扩大得更广，而且稳定性也增强，和成年人的专注力品质接近。这一年龄段的孩子，绝大部分都能保持良好的注意力和思维能力。训练孩子专注力 0～3 岁是黄金期，3～6 岁也有效果，年龄越大越难培养。3 岁以前，大脑尚未发育完全，习惯养成非常快。6 岁以后，孩子的大脑发育和脑容量已经接近成人，再想改就愈发困难了。

比尔·盖茨和巴菲特第一次见面的时候，比尔·盖茨的父亲让他们两个分别写出自己成功的关键，结果两个人在卡片上写的都是"专注"。专注力不仅是孩子学习的基本能力，也是一个人成功的核心能力。

在互联网时代，专注力已经成为极其珍贵又稀缺的能力。分心走神成为人们生活的常态。其实分心走神也是人的天性。人的专注力很容易被新鲜事物吸引，大脑也很容易产生联想，感官比较敏感的人更容易被外界干扰，分心走神。真正的专注是调动所有的感官，全神贯注地做一件事情。对于孩子学习来说，就是手、眼、脑、口、耳协调一致地学习。任何一个感官做其他事情了，都会导致这个学习过程效率降低，学习结果也会大打折扣。很多家长会发现，孩子上了一年级以后专注力越来越差。经常在上课的时候不专心，老是走神，开小差，跟不上老师讲课的节奏。写作业的时候也是拖拉磨蹭，很难按时完成作业。长此以往，孩子的学习成绩也是直线下降。当家长们发现孩子的注意力不集中的时候，不要给孩子当"闹钟"，时刻提醒孩子什么时间应该做些什么事情。这样的监督方法达不到预期效果，家长还会因为经常提醒但孩子依旧不听而产生负面情绪，甚至动手打孩子，这会让孩子产生严重的逆反心理。家长也不能对孩子放纵不管，放养式教育会让孩子自暴自弃。提升专注学习的能力，我们要注意以下几点：

第一，学习内容的难度要适中，太难不易专注。学的内容太难，超过自身的能力过多，孩子难以理解，自然就学不进去。解决这一问题，我们应该选择适合孩子自身水平的学习内容，先从简单的开始，积累一些成就感，循序渐进地去提升难度，合理安排学习内容。写作业也是这样的，由易到难，遇到难题先空起来，做好记号，简单题做完以后再集中解答。合理分配学习内容，会让孩子的专注力更集中。

第二，学习的环境要安静，减少诱惑因素。当孩子在学习时，很多家长在玩手机、看电视、和朋友大声交流等，这些都会严重影响孩子的专注力。这个时候家长应该尽量保持安静，防止声音干扰孩子学习。父母应该给孩子营造一个舒适、干净、安静的学习空间。比如，学习的房间不出现平板、手机、电脑等电子产品，学习的区域只摆放和学习有关的书籍、资料和工具，书桌上只摆放相关课程的书本、纸和笔，尽量把能分散专注力的东西放远点，离开孩子的视线。父母陪孩子写作业时，孩子会注意到旁边的人，会影响注意力的集中，有的父母陪读陪写过程中会出现情绪，导致孩子注意力更加难以集中。家长经常给孩子递水、送水果等也会打断孩子的注意力，降低学习效率。家长们要注意陪孩子写作业的方法，以免影响孩子专注学习的能力。

第三，保持稳定的情绪。情绪和注意力看似没有丝毫关系，实际上却密不可分。孩子在学习时，过于开心或者过于悲伤都会影响专注力。孩子情绪波动大，容易急躁不安。这类孩子做事时表现为匆匆忙忙，三分钟热度，做事情虎头蛇尾；写作业的时候，东张西望，坐立不安；写作业的速度非常快，但是龙飞凤舞，字迹潦草。家长提醒或批评他，他就会烦躁，甚至发脾气。你会发现，这类孩子心情好的时候写作业的情况就会顺利很多。情绪差，心情容易低落的孩子，他们好像对什么事情都不感兴趣，做事情慢慢吞吞，注意力特别容易分散。上课时盯着黑板发呆，看着好像在听课，实则根本不知道老师在讲什么。到写作业的时候也是如此，经常玩橡皮，描写书上的字，对着书发呆，或者是一到写作业的时候就想要跟妈妈或者爸爸聊天，等等。如果发现孩子学习过程中频繁地分神想其他事情，就让孩子把想的事情写在纸上，并告诉孩子等写完作业再处理。父母要帮助孩子认识自己的情绪，培养同理心，教给孩子情绪调节技巧，给予积极的反馈和鼓励，让孩子更好地掌控自己的情绪，从而提高他们的注意力集中能力。

第四，帮助孩子制订学习目标和计划。制订一个明确的目标和计划可以帮助孩子聚焦想要完成的事情，避免在学习的过程中走神和拖延。你可以帮助孩子制定一个合理的时间表，将整体的任务分解成小的步骤，并设定优先级和截止日期。孩子就可以按照这个表格有条不紊地执行计划，孩子每完成一个小目标，家长们就可以给孩子一个正向反馈和小奖励，增强孩子学习的动力和信心。

想要提升孩子的专注力，家长就必须要让孩子为自己的学习生活制订计划。有拖延症无法集中注意力的孩子，大多都是做事太过散漫且毫无目标，这就导致孩子学习过程中容易被其他事情干扰打断，无法沉浸其中。当孩子有了自己的目标和计划之后，就会有努力的方向，培养孩子的注意力的同时也能培养孩子做事的目标感。要注意的是，计划一定要有休息和放松的时间，注重劳逸结合，不能为了快速完成任务，忽略了休息时间。劳逸结合指的是在学习和休息之间，让身体和大脑得到合理调节和休息，以保持身心健康。运动和睡眠是身体恢复和休息的重要方式，家长应该鼓励孩子积极参加各种体育活动，增加运动量，放松身体，缓解压力，确保孩子有足够的睡眠时间，让他们能够保持良好的精神状态。

家长们必须明确一个观点：每个孩子都想学好，都想取得好成绩，都想把学习这件事搞明白，这是孩子的初心。而且每一位家长或老师，都应该相信自己的孩子或学生是优秀的，都是有潜力的，都是可以学好的，而之所以现在的成绩不理想，是因为他们在学习的道路上遇到了困难与问题，急需我们帮助。学习是有规律和方法的,只要家长们不放弃孩子,循循善诱,因材施教，一定可以培养出优秀的孩子。

案例一

一个普通家庭的两个孩子都考上了国内知名的大学。有人问孩子的妈妈:"你的孩子是用什么样的方法考上名校的?"孩子的妈妈很坦诚地说:"没有什么特别的方法,就是孩子每天放学回家后,我让他们把当天在学校学的东西讲一遍给我听。如果有讲不明白的地方,我就让孩子第二天去学校问老师。"

这很重要:

案例中的妈妈用的方法就是著名的费曼学习法。费曼学习法就是把自己学的东西,讲给别人听,以加深自己的学习理解和记忆。家长们要鼓励孩子找到适合自己的学习方法以提升学习效率。

案例二

进入高中后，我的成绩一直是全年级第一。班主任很关心我，任课老师上课也很喜欢提问我，同学们也经常投来羡慕的眼神，我非常享受这种感觉，也很担心有一天失去这样的关注。于是，我每天学习都很有动力，成绩也越来越好。种种正向的反馈使我不断地超越自己，实现了一个又一个目标。

这很重要：

案例中的孩子正是用了正向反馈的方法，不断地找到学习动力。在孩子学习过程中，我们要多给孩子正向反馈，积极赞扬鼓励。这样能够让孩子保持持续的学习动力，最终实现自己的梦想。